みんながんばってるのになんで世の中「問題だらけ」なの？

知識ゼロからの社会課題入門

安部敏樹
一般社団法人
リディラバ代表

NEWS PICKS
PUBLISHING

みんながんばってるのに
なんで世の中「問題だらけ」なの？

知識ゼロからの社会課題入門

はじめに：自分自身が「社会課題」だった

ＳＮＳを開いたり、テレビの報道番組を観たり、今の世の中を生きていると、何かとずいぶん窮屈《きゅうくつ》だ。繰り返される炎上や誹謗中傷《ひぼうちゅうしょう》に、辟易《へきえき》としている人も多いんじゃないだろうか。

でも、批判する側もされる側も、本当にそんな「悪いヤツ」なんだろうか？

みんな、一生懸命やっているように見える。

何を考えているかわからない上司も、家に帰ったらけんかしちゃう家族も、テレビで観る犯罪者も、スナップショットで切り取ったら、いけすかないヤツに見える。でも相手の置かれている状況を知ったら、「あの人もいろいろあるんだな」と思いを馳せられることもあるだろう。どうしたらそのギャップを埋められるだろうか。この本を通して、「誰もが一生懸命やっているのに、問題がなくならない」、そのメカニズムを理解してもらえるのではないかと思う。

私は14歳のとき、家庭内暴力をきっかけに家を出た。横浜の路上で仲間とつるみ、学校にも行かず、ロクでもない日々を送っていた。その意味で私は、家庭内暴力、貧困、路上生活の元当事者だ。非行少年という「社会課題」だった。今では母親と一緒に地元のソフトボールチームに携わるほど、家族との関係も回復している。ただ「親子関係のかけ違い」は誰よりも感じてきて、今でも大きなテーマだ。

なんとかすべりこんだ高校では仲間に恵まれた。彼らの応援に応えようと一念発起し、東京大学に入ることができた。でも、10代半ばの自分を忘れたわけではなかった。

なぜあの日、暴力を振るってしまったのか。なぜあのような10代を過ごしていたのか。「家庭環境のせいでどうしようもないヤツに育った」と片づけるのも違う気がする。

なぜ私のような問題を起こすヤツが生まれるのか、解き明かしたい。

東大でボランティア団体「リディラバ」を立ち上げた。公共インフラとしてのダムに始まり、刑務所からの出所者の再雇用先（餃子屋とかだ）、性教育から防衛問題まで、社会課題の現場へスタディツアーを組んだ。ツアーや企業研修でリディラバを事業化するころには、ボランティアで700人以上もの仲間が集まっていた。

「ご飯が食べられるか」「明日家族を養えるか」。昔は「社会課題」の構造も解決策もシンプルだった。しかし社会が成熟すると、価値観や問題意識は多様で複雑になっていく。ある人は**「子どもの虐待」**に心を痛める。**「差別や偏見」**に生きづらさを感じる人もいる。**「選択的夫婦別姓」**は、30年も議論が停滞したままだ。**「気候変動」**を一番実感するのは、経済発展とは程遠い南国の人たちだったりする。解決すべき問題は何か、みんなで共有するのが難しくなってきた。とはいえ、当事者が自分で解決できるような問題であれば、「社会」全体の問題にはなっていない。**同じような環境に置かれたら、ほとんどの人が自力で解決できない。だからこそ、社会課題なのだ。**

私は15年間、さまざまな課題の現場に関わってきた。でも私は当事者に寄り添うだけでなく、**「当事者ではない人」**に理解してもらい、仲間になってもらうことも、課題解決のためには重要だと考えている。

「無意識に人を傷つける」ことは怖い。本書でも細心の注意を払っているが、「深刻な状況にある当事者の気持ちを考えろ」と思われる箇所もあるかもしれない。また、課題に精通している方が読むと単純化しすぎていると感じることもあるかもしれない。それらは「みんなで考えるために一番伝わりやすい方法」を選んだ私の責任だ。

この本は、私と架空の「おばちゃん」との対話形式の本だ。**「こんなこと聞いちゃいけなさそう」「知らなきゃ恥ずかしい」**という、社会課題にまつわるタブーは一切抜きの取材をもとにしている。「社会課題」どうしのつながりや、タブーが解き明かされていく取材者の「なるほど！」というアハ体験をできるだけ再現した。

メディアやＳＮＳでの議論は「正しいか正しくないか」にこだわることが多い。だけど現実の課題は、そのあいだのどこかにある。

「社会課題」は人間らしさにあふれている。

人間がいるんだ、味わい深いな、もうちょっとよくするにはどうすればいいかな。責任感じゃなく、ちょっとしたおせっかいの気持ちで。断罪するのではなく、抱きしめるような好奇心で。そんな心持ちで向き合ってもらえたら嬉しい。

社会の見方が少し変わるきっかけになれば幸いだ。

安部《あべ》敏樹《としき》

知識ゼロからの社会課題入門　目次

登場人物

おばちゃん

架空の人物。安部の叔母（母の妹）で、横浜で猫のリリちゃんと暮らす53歳。子育て中はメーカーで時短勤務をしていたが、今はフルタイム勤務。息子は、大学を卒業したての23歳。

安部敏樹

著者。京都府出身の37歳。東京大学在学時に立ち上げた社会課題のスタディツアーを事業化し起業。「社会課題を、みんなのものに。」がスローガン。横浜の小学生ソフトボールチームで監督歴9年。

第1章

子どもの虐待①

親はどうして
虐待しちゃうんだろう?

虐待するなんて同じ人間とは思えない？

でもコレ複雑な話なんだよ
親だけを責めるわけにはいかないんだ
えー！親が悪いに決まってるじゃん！
いや、彼ら自身も社会課題の当事者であるケースが多いんだ
？
親が社会課題の当事者？
虐待の背景にあるのは
親子の根深い
孤立
なんだ

どこからが「虐待」？

おば　虐待の背景にあるのは、親子の孤立？

安部　本当にそれぞれ複合的な理由があるんだけど、虐待は家庭の中だけの問題じゃないんだよね。

おば　そうなの？　でも虐待って家庭の中で起きてることなんだから、ほかの人は関係なくない？

安部　そうともかぎらない。そもそも虐待って、どんなのイメージしてる？

おば　そりゃああんた、殴る蹴《け》る、煙草の火をジュッと押しつける……とかでしょう？　暴力反対！　ダメ、絶対。

安部　そういう残虐《ざんぎゃく》なやつだけじゃないんだなあ。たとえば、病気なのに病院に連れていかないとか、幼い子を一人家に置いて出かけるのも、育児放棄という名の虐待だからね。

おば　そうなの？　出かけたことあったけど……？
安部　子どもを無視する、拒否するのも場合によっては虐待です。
おば　そのレベルも？　自分に余裕がないとき、無視してたかも。
安部　うん、きょうだいで明らかに態度を変えるのも虐待になる可能性があるんだよ。
おば　ええ、親だって人間だから、「娘より息子がかわいい」とかあるんじゃないの？
うちは一人っ子だけど。「お姉ちゃんなんだから我慢しなさい！」とかよく聞くよ？
安部　やりがちだけど、子どもが苦痛を感じてるなら、アウトだね。それから、親が子どもの前で、配偶者に暴言を吐く、暴力をふるうのも虐待になりうる。
おば　まじか。けっこう夫に暴言吐いてたな、私。
安部　行きすぎた教育やしつけで、精神的に子どもを追い詰めるのもＮＧ。あからさまに手を上げなくても、「子どもが耐え難《がた》い苦痛を感じること」はぜんぶ虐待になるんだよ。[1]
おば　そんなこと言ったら私も虐待してたんじゃないか？　と思っちゃうんだけど。
そういう行為をぜんぶ「虐待」とするのはさすがに大げさじゃない？

1　「児童虐待の防止等に関する法律」によると、子どもの虐待の定義は、身体的虐待、性的虐待、ネグレクト、心理的虐待の4つに分類される。虐待としつけの二者間には、線引きできないグレーゾーンが存在するが、以下の資料から定義を引いた。「多数の事例に関わってきた福祉、保健関係者や精神科医、小児科医などが言うように『子どもが耐え難い苦痛を感じることであれば、それは虐待である』と考えるべきだと思います。」（オレンジリボン運動〝子ども虐待とは〟）

安部　「Child《チャイルド》 abuse《アビューズ》」、直訳すれば「子どもの濫用《らんよう》」という言葉を、日本では「虐待」と訳しているんだけど。まさに、専門家たちのあいだでは「不適切な関わり――Maltreatment《マルトリートメント》」という言葉を使うのはどうかって話も出てるんだよね。やっぱり「虐待」って言葉には、世間の認知も含め、親を責めるようなニュアンスが含まれちゃうから。

おば　うん、虐待は親が悪いって思っちゃうよ。

安部　だよね。だから逆に、なんでもかんでも「虐待」だと言ってしまうと、親が萎縮して自分の子どもを叱ることができなくなっちゃうからね。

おば　叱るのって難しいよね～。虐待だ！　不適切だ！　と責められるのはいやだから、「誰か代わりに叱って」って思っちゃうもん。

安部　子どもに深く関わって叱る大人は減ってるね。だから、教員やスポーツ指導者に対して、我が子に厳しくしてほしいっていう親もいるんですよ。叱り方にも技術がいるからさ。指導者と親って、子どもと関わる場数《ばかず》が違うし。

おば　親になるまで子どもと関わることなんてほとんどなかったから、こっちはずっと「子育ての初心者」なのよ。子どもの成長によって関わり方も変わってくるし、いつも正解はわからないまま。

安部 子育てに正解はないし、教育としつけと虐待のあいだにはグレーゾーンもあるんだけど。**できれば自分が親になる前に、地域や友だちの家族づき合いとかで子どもに関わっておくと、だんだんいい距離の取り方がわかってくるんだよね。**

おば 親になる前にもっと子どもに関わっておけばよかったな〜。あのころこうしておけば……という子育ての後悔もそりゃありますよ。息子が幼いころは私も未熟だったし、余裕もなかったし。

安部 まあだから、なんでもかんでも「虐待」でくくって親を責めればいいって話ではない。ただ一方で、親に自覚がないケースが多いから、「あなたがしていることは虐待ですよ」って気づかせる効果もある。

おば 親に自覚がないって「この子のためによかれと思って」みたいなやつ？ でもさ、愛情があれば、さすがにどっかで気づくんじゃない？ 子どもが苦しんでるならなおさらよ。

安部 いや、そうでもないんだよ。愛情さえあれば大丈夫って話でもないし、わりと身近に虐待やその火種はあるからね。

虐待をする親は「社会課題」の当事者

安部　もちろんカテゴライズはできないけど、虐待する親の傾向ってのもあって。

おば　そうなの？　どんな親よ？

安部　経済的に苦しかったり、抑圧されていたり、心に傷やトラウマを抱えていたり、親自身に課題がある。つまり、**社会課題の当事者**なんだよ。
たとえば母子家庭。元夫からの養育費が滞ってて、日中はパートで働いて夜は水商売。稼がなきゃいけないから、子どもを家に置いて働かざるを得ない。

おば　子どもを置いて昼も夜も1日中働くなんて。精神的にも体力的にも、私には無理！　そんなの怒りっぽくもなるわ。

安部　実際に生活のストレスが積み上がって精神的に追い詰められると、うつ病の症状が出て、子育てができなくなっちゃう人もいるね。

おば　それはそもそも、養育費を払わない元夫がありえん！

安部　あと、いわゆるエリート家庭の専業主婦。子育ての責任を押しつけられて、成績が下がると夫に責められるから、子どもを叱責して心理的に追い込んじゃう。コロナ禍《か》では、共働き夫婦でも同じ空間でリモートワークをする時間が増えて、そのストレスが子どもにぶつけられるなんてケースもあった。

おば　せまい家で家族だけで過ごしたコロナ禍は、正直私もかなりストレスだったなあ。

安部　虐待する本人の周囲の環境の影響は大きいよ。もちろん虐待するのは、母親や父親だけじゃなくて、親族や、血縁がない「親のパートナー」ってケースもある。[2] ほかにも虐待したくないのに、してるつもりもないのに、そうなっちゃうケースはある。子どものころに自分が受けていた虐待が影響することもあるんだよ。親から殴られることが当たり前だったから、同じように子どもを殴っちゃうとか。

おば　でもさ、自分が虐待されていやだったからこそ、子どもには同じことしたくないじゃん？

安部　それが、自分の意思だけでは難しいこともあるんです。幼少期の虐待は脳の発達にダメージを与えると言われていて。脳が成長する大事な時期に、体罰や言葉の暴力によって心理的ストレスを受けると、脳が萎縮したり変形したりしてしまう。

2　主な虐待者は、実母が48％、実父が42・6％、実父以外の父親が5・1％、実母以外の母親が0・5％、その他が3・9％（厚生労働省〝令和4年度福祉行政報告例（児童福祉関係の一部）の概況〟）。

おば　脳が萎縮？　変形？

安部　そうなると、一時的に脳の機能が低下して、学習意欲が下がったり、無気力になったり、うつ病になったり。脳が発達しきった大人ならリカバリーができるんだけど、発達過程にある子どもたちの「脳の傷[3]」は簡単に回復しないし、長期的に残っちゃう。

おば　脳に傷が残ると、どうなるの？

安部　大人になってから、人とうまく関係が築けない、衝動的でキレやすいといった傾向が出てくる。だから自分が親になったとき、虐待がダメだとわかっていても、衝動を抑えられずに手を上げちゃう。それくらい、子ども時代の虐待って人格にも影響をおよぼしちゃうんだよ。

おば　体や心だけじゃなくて、脳にも傷がついて、しかも人格にも影響をおよぼしちゃうとか、おそろしすぎじゃない？

安部　もちろん虐待を受けてきたから必ずしも虐待をするっていうわけじゃないよ。自分が昔虐待を受けていても子どもに愛情を注いでいる人たちはたくさんいる。むしろ、虐待する親も子どもに対して愛情がないわけじゃない。虐待する親が「鬼

3　友田明美『子どもの脳を傷つける親たち』(ＮＨＫ出版新書)、友田明美、(２０１８)、"体罰や言葉での虐待が脳の発達に与える影響(機関紙心理学ワールド80号)"

畜」で「冷酷」なわけじゃない。愛情があっても感情表現がうまくできないんだよね。

おば　まあ子育てなんて思い通りにいかないことばっかりなんだけどさ。そりゃあ私も、怒鳴りちらしたことは何度もあるし、手を上げそうになったこともあったわよ。夫になだめられてギリギリ殴らずにすんだけど。

安部　その歯止めがきくかどうかは大きいよね。

虐待の引き金になる「育児のプレッシャー」

安部　精神が「つなわたり」状態のときに、育児のプレッシャーとストレスが引き金になっちゃうこともあるよ。

おば　子どもってほんと、かわいいだけじゃないもんね。

安部　その点、障害への理解が進んでいないことも虐待の引き金にはなるね。[4]

おば　障害が虐待の引き金に？

4　障害者虐待の相談・通報件数は8650件。被虐待者の障害種別は、知的障害45%、精神障害43%、身体障害19%（厚生労働省（2024）『障害者虐待事例への対応状況調査結果等について』）。

安部　知的障害や発達障害って、境界線があいまいで、親も周囲も気づきにくいこともあるから、育て方が悪いんじゃないかって自分を責めちゃう。なんでこの子はこんなに落ち着きがないんだ？　勉強ができないんだ？　ちゃんと食べないんだ？　って。

おば　子どもなんて多かれ少なかれ、そういうとこあるんじゃないの？

安部　うん。育てやすい「いい子」なんてそうそういない。でも、親も周りと比べて、「なんでみんなと同じようにできないんだ！」って子どもにも怒りをぶつけちゃう。特性だとわかっていれば許せることも、知らなければイライラしちゃうよね。しかもその怒りって周囲の人たちから白い目で見られることとか、プレッシャーからきてたりもするんだよ。

おば　ああ……。昔のことだけど、電車に乗るとき子どもが騒ぐと、フリでも「静かにしなさい」って叱ったもんね。親を責めるような視線、無言の重圧を感じちゃってさ。

安部　そういうプレッシャーから育児に悩んで追い詰められて、虐待に発展するケースもあるんだよ。

おば　「他人に迷惑かけちゃいけない」って思っちゃうもんね。

安部　でも、**誰にも迷惑かけずに、親だけで子どもを育てるのはそもそも無理なんですよ。**子育てってどうしても追い詰められるときがある。そういうときに、**親子が頼れる先がないってことが虐待につながりやすい。**

おば　たしかに、働き盛《ざか》りの夫に頼れなくてどうしようもなくつらくなったとき、私は実家に預かってもらったり、ママ友にぐちったりしてたわよ。

安部　それができない人たちもいる。困っているときに、助けを求められる人、つまり社会とのつながりがない。だから総じて虐待って、親個人の問題だけじゃなくて、**社会コミュニティの問題**でもあるんだよね。

「ご近所づき合い」が衰退した、現代の子育ての限界

そうは言うけど、今さら地域コミュニティをつくれっていうのも無理じゃない？　ご近所づき合いって何かとめんどくさいし……。

安部　そうなんだけど、現代の社会は、**家庭と地域と学校（幼稚園・保育園含む）、3つのコミュニティの共同作業で子どもを育てること**を前提としているんだよ。でも実際、特に都会は、そのすべてにおいてリソースが減って、コミュニティが機能していないじゃん？　結果的に、親、特に母親一人に育児の負担がかかりすぎている。

おば　それは私も実感してきたわよ。「コミュニティが機能していない」って具体的にどういうこと？

安部　まずは家庭のコミュニティの話ね。一昔前は、きょうだいが何人もいて、おじいちゃんおばあちゃん、親戚のおじさんおばさん……って家族が8人、9人いたんで、家庭自体が一つのコミュニティになってたわけですよ。子どもを親だけで育ててないし、親が暴走してても「あんたそれはやりすぎだよ」って止めてくれる人がいた。大きな家庭の中に、たくさんの手と目があって、介入の余地があった。

おば　私が育ったうちなんてそんな感じだったわよ。子ども同士で遊んでたから、親なんてほったらかし。ばあちゃんもあれしろこれしろうるさかったし。母親にもいろいろ口出ししてたな。

安部　古きよき時代とは言わないけど、**育児に関して言えば、今は昔に比べて圧倒的にリソースが足りてない。**

おば うちも親2人と子1人の核家族だけど、近所でも大家族なんて見かけないもんねえ。

安部 今は核家族ばっかり、内に閉じまくった環境だよね。親が子どもに対して何をしたって誰も介入してこない。虐待の前兆があったとしても誰も気づかないし、止めないし、子どもも逃げる場所がない。親も**「周囲の目」**がないんで自重することもなく、どんどんエスカレートしちゃう。

おば 待って待って。さっき、「周囲の目」がプレッシャーになるって話もしてたけど、「周囲の目」があったほうがいいってこと？

安部 関係性が前提にある「周囲の目」はあったほうがいいよね。

おば と、言いますと？

安部 昔、路地裏とかで家の前に立ったり座ったりしてるおじいちゃんとかおばあちゃん、いたじゃない？ 今でも「昔ながら」の地域でたまに見かけるけど。

おば いたねえ。日向ぼっこしてぼーっとしてるおじいちゃん。家の前を通ると、しゃべりかけられたりしてね。監視してる？ みたいな。

安部 あれって地域にある「周囲の目」なのよ。なーんにもしていないようで街の番人みたいな役割を果たしてて。監視というより見守りだね。家の前に人がいたら、見知らぬ人が空き巣にも入れないし、親が子どもを外に放置したりもできないじゃん？　でも今、開発が進んだきれいな街の中で、ましてやマンションの前で、座ったりうろうろしてるじいさんばあさんがいたら怖いでしょ？

おば　まあ不審者って思っちゃうよね。

安部　昔はそういう人たちが当たり前にいたんだけど、地域のつながりがあったから不審者扱いにはならなかった。近所の家との距離も近かったんで、親が仕事で帰りが遅かったら、子どもたちが誰かの家に上がり込んでご飯食べさせてもらったりしてたわけですよ。逆に「やばいおじさん、おばさん」情報とかも地域で共有されていたしね。

おば　私は思春期真っ盛りの中高生のころ、近所の友だちの部屋に入りびたってたね。ずっと家にいたくなかったし。

安部　親たちも井戸端会議なんかして、適度にストレスも発散してさ。親と子が一対一でずっと一緒にいるなんてこともなかったわけです。イヤイヤ期とか思春期とか、更年期とか、子にも親にも体調や気分に波があるし、閉じた環境で向き合っているとヒートアップしてわけわからなくなるんですよ。

おば　私の更年期と息子の反抗期がぶつかった時期なんて、うちも悲惨だったわよ。

安部　そういうときに、ちょっと離れて冷静になる逃げ場と第三者の目が必要だよね。家庭の中にも複数の関係性があれば介入しやすいし、近所の人たちと顔見知りでつながっていれば、ヒートアップする前にある程度牽制《けんせい》が効《き》くんだよね。

おば　私いま、隣の家の人のことよく知らないし、地域との関わりなんてかぎりなくゼロに近いわ。近所で親の怒鳴り声が聞こえたとしても、スルーしちゃうだろうなあ。「虐待だったらどうしよう」って思ったって、ピンポンして様子をうかがいに行くわけにもいかないし。

安部　まあ揉《も》めごとに発展する可能性が高いから、じろじろ見たり注意したり、直接介入するのはやめておいたほうがいいでしょうね。「あなた誰？」ってシャットアウトされるだろうし。近所で噂《うわさ》をしたりすれば「プライバシーの侵害」にもなりかねない。関係性がない中で介入していくのはひじょーにムズイ。

おば　やっぱり下手《へた》なことはできないわ。どうしたらいいの？

「暇《ひま》してる大人」がいなくなった

安部　だからこそ、継続的な関係性が前提にあると「周囲の目」の意味合いが変わってくるんだよ。

おば　でも今さら、どうやって「継続的な関係性」を地域でつくっていけばいいのよ？

安部　地域コミュニティと家庭を結ぶ役割を果たしているのが、**自治会、神輿《みこし》保存会、子ども会、スポーツチームといった地区の活動**なんだよね。おれ、ある地域の子どもたちのソフトボールチームを立て直して、監督をしてるんだけど。

おば　あんた、そんなことまでしてるの⁉

安部　そこに参加してる親子とは継続的な関係を結べるし、家庭が地域につながる入り口になるからさ。監督を始めた初期に、ある兄弟のお母さんが子どもを叩《たた》いていたわけ。こづくとかのレベルではなくバチーンと。

おば　なかなかの強者《つわもの》だな。

安部　子どもへの愛情はあるから、過保護なところもあったんだけどさ。しばらく経ってから、子どもを叩かなくなったの。叩くたびにおれも「ええ〜」って感じで冷ややかな目で見てたから、親もちょっと冷静になって手を止めるようになった。

おば　人に見られたくはないけど、たしかに、電車で見ず知らずの人に向けられる「他人の目」とはちょっと温度感が違うかもね。

安部　うん。単純に週末にソフトボールやってると、子どもも日中に体力を使うんで家に帰ったらすぐ寝ちゃうし、かんしゃくを起こしにくくなって、お母さんが怒る機会が減ったのもある。結果的にそのお母さんもだんだん穏やかになって、チームの人たちと仲良くなっていった。そんなふうに、**追い詰められて孤立しがちな親子には、継続的な地域の関係性の中にある「他人の目」が効《き》くんですよ。**

なるほどねえ。でも善良な「他人の目」になるハードル高すぎない？

安部　実際に今、地域スポーツのチームのコーチや民生委員、地域の消防団員[5]なんかもやる人がいないから、どんどんつぶれていってる。

おば　地域のために、貴重な時間はちょっと使えないわよねえ。

5　消防団は、地域のボランティア。「火の用心〜マッチ一本」と見回りをしていた人、と言えばわかる人もいるだろうか。1954年のピーク時には200万人以上いたが、今は80万人くらい（総務省、2021）。〝消防団員の処遇等に関する検討会」最終報告書〟）。しかも有事には動けない自治体の職員が多く、特に都会は、いうまでもなく地域に関わる人たちが減っている。

安部　共働きが多くなって親もみんな忙しいから。暇してるおっさん、おばさんがいなくなった。高齢者も働いている。ボランティアで地域の子どもたちのお世話をする余裕なんてぶっちゃけ誰もないですよ。とはいえ、親子代々その地で暮らすようなエリアでは地域活動がまだ残っているんじゃないかなあ。

おば　地域活動ねえ。

安部　ただ、都会だと引っ越しも多いし、マンション住まいがベースだから。マンション型の地域コミュニティの形ってのは難しいんだよね。

おば　そういえば子どもが小さいころ、一軒家に越したことがあったんだけど。回覧板とかゴミ当番が回ってきて近所であいさつしているうちに、子どもたちが家の前の私道で勝手に遊ぶようになったのよ。数年後、マンションに戻ったらパタリとなくなったことを思い出したわ。

安部　マンションと一軒家って地域コミュニティのあり方が全然違うんだよね。高層マンションになればなるほど、資産運用の価値は高いし、生活の効率性は上がる。でも、生活習慣がみんな異なるので近所の関わりはなくなっていくよね。結果孤立しやすくなる、と。

「お祭りに参加」って、忙しいんだけどメリットある？

安部　ただ、おれは都会で「前時代的な」地域コミュニティを復活させるのがよいとは思ってなくて。

おば　え、そうなの？　じゃあ、どういう形が理想なわけ?!

安部　一つの理想とか正解はなくて、地域ごとに異なる個別のコミュニティを築いていくしかないと思うんだよ。都会と地方でも全然違うし、それぞれの地域の歴史や特性、住む人も違うわけだから。ただ地域活動が残っている場合は、**住民が参加しやすい設計に、入り口をアップデートできるといいよね。**

おば　たしかにどうやって地域活動に参加すればいいのか、わかんないもんな。

安部　アップデートされていない、昔ながらの「入り口」が、地域の野球とかバスケとかの少年団、子ども会とか、お祭りなんだよね。

おば　地域に関わりたいと思ったら、子どもをお囃子《はやし》やスポーツチームに入れるとか、お祭りに参加することから始めるといいってこと？

安部　そうね。子どもにスポーツをやらせるときも、**地元の人が監督・コーチをやっているような、地域活動につながるクラブチームを見極めて入れるのがポイント。**だいたい地域のクラブチームは、立派なホームページとかはなくて、学校の生徒や親の口コミとか祭りでの勧誘で人が集まってる。前時代的なチームもあるから、中の状態は見極めたほうがいいけど。

おば　息子が小さいとき、地域の盆踊り大会でフランクフルト焼いてた野球チームにめっちゃ勧誘されたの思い出したわ。ママ友に誘われて地域のお神輿に参加したとき、子どもたちが歩く先々で駄菓子《だがし》をもらったりもしたな。

安部　それが地域のクラブチームと子ども会への入り口ってこと。本当はもっとわかりやすいといいんだけど。できれば誰かと仲良くなって運営側に回れたらいい。地区の盆踊りだって、踊って帰るのと、屋台を出すのとでは全然関わり方が違うじゃない？　消費して終わるのか、社会をつくっていくのか、その差は大きいよね。

おば　いやー、毎日フルで働きながら、週末に地域活動に参加するって、ハードル高いなあ。ＰＴＡとかもそうだけど、一度飛び込んだら抜けられなくなって、ただひたすら忙しくなりそう。

安部　そう思っている人は多いよね。単純に、地域活動に参加する人が増えればその負担は減らせるんだけどね。

おば　お当番とか、2カ月に1回くらいならできるかもなあ。

安部　地域コミュニティ継続の鍵は、多くの人が参加して「入ったら抜けづらい」ではなく「簡単に入ってすぐ抜けられる」状態をつくることだよね。

おば　そこまでして、地域活動に参加するメリットって……？

安部　地域のおじいちゃんおばあちゃんからパパママ、子どもたちまで、多層的な地域との関わりが生まれて**「孤立しない」**っていうのが一番のメリットだよね。高齢者だったら、地域に気にかけてくれる人がいれば、それこそ「孤独死」することもなく安心じゃない。

おば　保育園のママ友はいても、地域でそれ以外の関わりは持ててなかったなー。

安部　子育て世代だったら、地域の真ん中で子育てができるのが利点だね。単純に子どもに関わる人も増えるし、野球チームで子どもが活躍するとか、神輿をかつげるとか、子ども自身の体験も増える。仕事や用事で子どもを預ける必要があるときに、シッターとかにアウトソーシングしたらお金がかかるけど、近所の人に預けられたら**お金ではないやりとり**になる。子どもも顔見知りだから遊びやすいだろうし。

おば　なるほどねえ。それは孤立しがちな現代の親子には大きなメリットだね。

地域コミュニティの衰退は肌感覚でわかるんだけど、学校もコミュニティとして機能してないの？

安部　学校では、先生も忙しいのよ。「教員の多忙化」が一つの社会課題になってるくらいだからね。中学校教員の平均時間外労働時間が、月80時間を超えている[6]という衝撃的なデータが発表されたこともあった。これ、「過労死ライン」だからね。

おば　そんなに働いたら、そりゃ命危ないわ。

安部　学校で先生は授業を教えるだけじゃなくて、荒れている生徒の指導もするし、部活動の顧問もする。先生に余裕がない中で、生徒や親が、家庭のことを相談する機会はほとんどないじゃん？　中には気づいてくれる先生もいるかもしれないけど、よっぽど体力と気力とやる気がある人じゃないと、ねえ。

おば　声の大きいモンスターペアレンツの対応もしないといけないし。

安部　そうそう。家庭と地域と学校、それぞれのコミュニティが衰退していった結果、**子育ての負担が親のみにのしかかって、子どもたちも親以外を頼れなくなった。**

6　日本教職員組合〝2023年 学校現場の働き方改革に関する意識調査〟

そうして親子が孤立していく。そこに虐待が生まれる構造があるわけです。

おば　「誰にも頼れない」って本当に発狂しそうになるよね。

安部　牽制《けんせい》する「他人の目」がないって意味でも、**社会コミュニティの衰退と虐待の増加**は相関関係にあるとおれは思う。

おば　虐待って、「親が悪の根源」ってわけじゃないんだね。「子育ては親がやるもの、何かあったら親の責任」って思ってたけど、そうじゃないのかも。

安部　だからおれは二日酔いで昼まで寝ていたい休みの日も、がんばって朝早く起きて、子どもたちとソフトボールをしにグラウンドに行くわけですよ‼

おば　あんた、ほんとえらいよ！

第2章

子どもの虐待②

通告したら
子どもはどうなるの？

通告によって「発見」されるようになった児童虐待

虐待相談件数は過去30年で136倍

おば ラジオで、「虐待かもと思ったら通告して」みたいなアナウンスを聞いたことあるんだけど、実際しづらくない？

安部 「189（いちはやく）」ね。

おば 隣の人が通告したって本人にバレたら気まずいし。虐待するような親がうちに乗り込んできたらちょっと怖い。そもそも勘違いかもしれないし。

安部 誰が通告したかはわからないものだよ。

おば そうなんだ。じゃあ電話するとどうなるの？

安部 住んでいる自治体の児童相談所、通称「児相《じそう》」につながるんだよ。

おば 児童相談所……って何するとこなんだっけ？

安部　名前そのまんま、18歳未満の子どもにまつわる相談を受ける行政機関。

おば　大ざっぱすぎ！

安部　子育てしてたら、親だけじゃ解決できない悩みが出てくるじゃん？　子どもがいじめにあった、引きこもりになった、発達障害がある、非行に走ってる、とか。自分が病気になったとか、働けなくて経済的に厳しいから子どもを育てられないって人もいる。そういう親の相談に乗って、国や自治体のサポート制度につなげて支援をするのが児相の仕事。

「子育ての悩みを行政に相談する」って発想がなかったんだけど、ほんとにそんな対応してくれるの？

安部　一応、総合的な相談窓口ではある。児相は子どもにまつわるあらゆることに対応する「なんでも屋」なの。まあメインは虐待対応だね。

おば　虐待の相談が来るってこと？

安部　「虐待しちゃいそうで怖い」って親から直接相談がある場合もあるけど、一番多いのは通告だね。隣人が「連日怒鳴り声が聞こえる」って電話をする。あるいは学校の先生が通告するケースもある。子どもが日記に「つらい」って書いたとか、ぼーっとしてて様子がおかしいとか、お風呂に入ってないようで臭《にお》う、とかね。

おば 意外にみんな通告してるんだ。

安部 児相に来る虐待相談対応件数は、年々増えてて、1年間で20万件以上、全国で1日平均して500件以上もある。[7]

おば ええっ。めっちゃあるね。それだけ虐待が起きてるってこと?!

安部 中には子どもがかんしゃくを起こしているわめき声に近所の人がびっくりして電話をかけちゃったとか「誤報」もいっぱいあるよ、そりゃあ。なので「相談件数」=「虐待の実態数」ではない。

おば よかった。……よかったのか?

安部 ただ虐待相談対応件数は、**過去30年で136倍**に増えていて、毎年「過去最多」を更新し続けてる。[8]

おば 136倍!? そんな増えることある!?

安部 子どもの数は減っているのに、だよ。親子が孤立する構造的な課題を数字が

7 こども家庭庁.(2024).“令和4年度 児童相談所における児童虐待相談対応件数

8 1993年に1611件、2022年に21万4843件(資料は脚注7と同)。

裏づけているよね。2000年代に、誤報を含め**みんなの関心が高まって通告が増えたり**、最近は「心理的虐待」の通告が増えたりしているよ。

おば にしても、誤報なんて迷惑な話よね。だって児相はどんな通告にも対応しなきゃいけないわけでしょ？

安部 うん。でもいたずらとか悪意のあるものでないかぎり、誤報が迷惑とも言えないんだよ。というのも、児童虐待って親も子どもも自覚していない場合も多いし、家庭の中の問題として隠したがるから「発見」するのがほんとに難しい。だから、近所の人や学校からの通告は虐待を見つけるきっかけになるわけで。

おば たしかに。

安部 乳幼児の虐待死事件の報道によって、みんなが「よくないことだよね」「なんとかして子どもを守りたい」って思うようになった。189の通告の啓発が進んだことも相まって、これまで閉じた家庭の中の問題だった児童虐待が、社会課題として「発見」されるようになった。これは大きな一歩ではあるんだよ。

おば 発見されて、問題が「家の外」に出始めたってことね。

安部 ただ、発見するだけではもちろん解決はしないから、大事なのはここから。

家庭で虐待を受けている、その可能性がある子どもたちをどう守っていくか。
そのうえで重要な役割を果たすのが児相だよ。

学校にも行けず外にも出られない。カオスな一時保護所

重要な役割？「児童相談所」って相談に乗るだけじゃないの？

安部　そう。通告・相談をきっかけに、児相は自宅を定期的に訪ねてその親子との関わりを持っていくわけです。親と子どもの言動、暮らしぶりを総合的に見て、児相で会議をして虐待があるかどうかを判断する。

おば　虐待かどうか、会議で決めるんだ？

安部　うん。虐待があってその家庭で育つのが健全じゃないと判断したら、子どもを親から引き離して、児相は一時的に保護をするんです。

おば　え、親から引き離す？

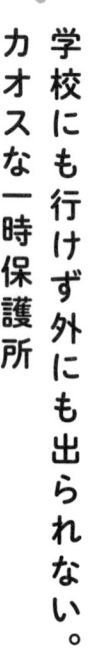

安部　そう。保護された子どもたちは「一時保護所」ってところで暮らす。だけどここには課題も山積みで。一時保護所には、虐待で保護された幼児から、親が手がつけられなくなった障害児や非行少年まで、いろんな事情のあらゆる年齢の子どもが集められるわけです。

おば　それはカオスだな。

安部　いわゆる不良みたいなヤツも来るから、抑えつけるために所員も強権的にならざるを得ないとこもあって。おれも中学のとき、親が手に負えなくて、児相に相談して一時保護所にぶちこまれそうになったからね。

おば　あんたグレにグレてたもんね。ほんと、丸くなったわねえ。

安部　そのグレが今の仕事につながっているっていうね。家庭内で野球バットを持って暴れて、街をうろついて。毎日コンビニの前でタバコ吸ってけんかしまくって……って感じで、昔のおれみたいなやべえヤツらも「保護」されてくる。

おば　絶対にいや。同じ空間にいたくない。

安部　ホラーみたいな話なんだけど、一部の一時保護所では、所員によるセクハラ、パワハラがあったとか、3日に1回しかお風呂に入れないとかって話も聞く。もちろん一部だけどね。

おば なんてこと。全然保護されてないじゃん！　もはや監獄では？

安部 そうなんだよ。ただ、告発によって課題が「発見」されたんで、民間の評価機関ができたり、行政から改善する動きが出たりもしているんだけど。[9]

おば 保護されたあとはどうなるの？

安部 97パーセントの子は2カ月以内に家に戻るよ。でも家に戻っても、深刻なレベルで虐待されたり、面倒を見てもらえなかったりするケースは、その危険を回避して親から引き離されるね。

おば 虐待って家の話だと思ってたけど……。

安部 深刻なケースを解決しようと思うと「家の外」に役割があるんだ。家庭で暮らせない子どもを社会で育てていくことを「社会的養護」って言うよ。

9　東京都児童相談所一時保護所支援改善検討会（2020）.

「家の外」で子どもを育てるしくみ

これまでの話で
虐待の解決の糸口が家の外にあることがわかったわ
家に戻れない子どもたちはどこで暮らすの？
「施設」だよ
日本には色々な理由で家庭で暮らせない子どもが４万２千人いるんだけど
死別
病気
貧困
そんなにいるの？
え〜〜

その約8割が児童養護施設で生活してるんだ
昔なんかのドラマで観たことあるかも
みんなで
ご飯食べたり
お風呂入ったり
庭で遊んだり
寮生活みたいな感じでしょ？
いや、今はそういう「共同生活」をする施設は減ってるんだ

自立のルートに困難が多い「児童養護施設」

おば　共同生活しないの？　それ、どういう施設よ？

安部　アパートとかマンションとか一軒家が多いかな。敷地内に別々につくられた居住施設があるとか。昔は大きい施設でいわゆる集団生活をしてたけど、プライバシーの関係も含め、今は小規模で一般的な家庭のような環境で育てていくことが推奨されてるんだよね。[10]

おば　へえ。とはいえ親がいるわけじゃないし、施設では誰が親代わりに子どもたちをお世話するの？

安部　児童養護施設は、自治体が運営しているものもあるけど、社会福祉法人とか民間の団体が経営しているものもある。そこの職員たちが親代わりになる感じかな。

おば　民間ってことは、誰かが「やります」って手を挙げて、施設をつくって運営していくことになるわけだ。

安部　施設の成り立ちはそれぞれ異なるんだけど、もともとは戦争孤児を受け入れ

10　「本体施設は小規模グループケア化するとともに小規模化し、併せて、家庭的養護の推進に向け、施設機能を地域に分散させるグループホームやファミリーホームへの転換を行う移行計画を策定する。」（厚生労働省，（2012），〝児童養護施設運営指針〟）

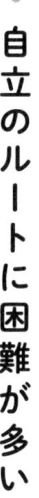

るところから始まってるケースも多い。住職がお寺を開放したり、キリスト教系の慈善団体が施設をつくったり。身寄りのない子どもたちを助けるために、ある種ボランティアでやっていたことを、後追いで国が法律と制度をつくって児童養護施設として認定していったんだよ。

おば　なるほど。施設が家代わり、職員が親代わりってことなんだけど、子どもたちは基本ずっとそこで暮らすことになるの？

安部　18歳までに家に帰るサポートも一応ある。逆に、つい最近までは**満18歳の誕生日になると「大人」、ということで国から施設にお金も支給されなくなるので、施設を出なきゃいけなかったんだ。**[11]　２０２４年４月に児童福祉法が改正されて、年齢上限は撤廃された。とはいえ、制度が変わったばかりで施設の要員数はかぎられてるし、実態としてどうなっているかはまだまだわからない。

おば　そうなんだ……。18歳になったら大人！　ってそんな単純な話じゃないもんね。うちの息子は23歳だけど、まだ親のスネをかじってるわよ。

安部　以前も満22歳まで延長できるとされていたけど、要件が限定的すぎてあまり機能はしていなかった。基本18歳になったら「出ていく」しかなかったんだよね。[12]

11　２０２４年の改正児童福祉法では、児童自立生活援助の年齢による一律の利用制限を弾力化。（こども家庭庁,（２０２３）.〝改正児童福祉法の施行について〟）

12　年齢（いわゆる「18歳の壁」）や、教育機関に在学していなければならない等の要件があったが、改正児童福祉法で緩和された（資料は脚注11と同）。

おば　出ていくって、どこに？

安部　それが難しい問題でさ。高校や大学卒業と同時に施設を出ていくんだけど、それまでに一人暮らしするためのお金を用意するのは厳しいし、親という保証人もいなければ、仕送りもない。

おば　いざというときに頼れる実家もない。

安部　だから施設出身者は5割以上が高卒で就職してる。残りの4割近くは奨学金を借りてアルバイトをして大学や専門学校に進学しているけど、学費が払えなくて辞めちゃうことも多い。[13] 結果、高卒になるから、就職できる先もかぎられちゃう。

低学歴、低所得、孤立化の負のループからなかなか抜け出せないんだよ。

おば　まだまだ日本って学歴社会だもんね。あんたもたいがいエリートだけど。

安部　おれにはなんだかんだ、祖父母含めて家庭があったんで。

おば　家庭って誰にでもあるものだと思ってたなあ。

安部　**普段意識することないと思うんだけど、やっぱ家庭って一つの大きなセーフティネットなんだよ。**家庭というセーフティネットがない施設出身者は、社会の中で我慢を強いられることになるし、圧倒的に選択肢が少ない。

13　参考：全国の全高卒者のうち、大学や専門学校への進学は約8割、就職は15・6パーセント（子ども家庭庁「（2023）"（資料集）社会的養育の推進にむけて"」）

おば　個人の努力の問題じゃないわよねえ。どうしたらいいんだろう？

安部　まず、18歳になったからといって国が支援を止めないこと。大学や専門学校まで出て働き始める、本当の意味での「自立」まで支援を続けることだよね。

おば　大学の学費とか生活費を税金でまかなうってこと？

安部　全額ではなくてもサポートは必要だよね。「施設出身の子が大学まで行くなんて贅沢《ぜいたく》だ」っていう意見もあるけど、衣食住に困らなければいいって考えからは、抜け出さないと。

でもさ、施設の子じゃなくても、家庭が貧しくて大学に行けない子もいるわけでしょ。そこまでするのはどうなんだろうね？

安部　いやいや、そこ比較しちゃだめだよ！　貧しい家庭の子たち同士を比べちゃったら、誰もが負のループから抜け出せなくなっちゃう。国からの給付型奨学金が始まったけど、「子どもの権利を守る」という観点からしても、**教育の機会をしっかり与えて、負の連鎖を断ち切らないと。**誰も幸せになりません。もちろんおれらもね。

おば　なんで？　私たちは関係なくない？

安部　子どもが0歳から18歳までずっと施設で育ったら、一人1億円くらいかかるって言われている。児童入所施設の措置《そち》費として2024年の国の予算は、1485億円。[14] それ、ぜんぶ税金だからね。で、仮に彼らが負のループから抜け出せなくて生活保護になれば、さらに税金がかかることもあるわけだけら。

おば　それは誰も幸せにならないわ。

安部　施設で育った子どもたちがちゃんと自立して働いて納税できるように国がしっかりサポートしていくことは、子どもの権利を守る点でも、税金の使い方という点でも、合理的なんだよね。

まだまだ担《にな》い手が少ない「里親」

おば　親に頼れない子どもたちはさ、行き先としては施設しかないの？　ほら……「赤毛のアン」みたいに養子になるとか、里親とかあるんじゃないの？

安部　里親も養子の制度もあるよ。今の日本の社会的養護[15]の子どもたちの約8割は

14　こども家庭庁．（2023）“令和6年度予算の概要（社会的養護関係）”

15　2章序盤で少し触れたように、保護者のない児童や、保護者に監護させることが適当でない児童を、公的責任で社会的に養育するしくみ。

施設で育ってるけど、国はより家庭的な環境で育てるように、里親や特別養子縁組を増やしていく目標を立ててはいる。子どもたちはあくまで、里親の家で一緒に暮らすので、施設より、一般的な家庭と同じ環境で育つことができるよね。[16]

おば　家庭に入るってことは、そこでずっと暮らせるの？

安部　親権は実親が持っているので、短ければ数日、長ければ10年以上。預かる期間はさまざまだね。ただ、里親も国の制度で養育費などが支給されるのは18歳まで。条件によっては最長20歳までだけど、そこからは里親と子ども、個人同士の関係性になる。ただ、**施設よりは一対一の関係性が築ける**から、「18歳になったら出ていけ」、とはなりにくい面もある。「就職が決まるまではいていいよ」とかさ。

おば　たしかに。国からお金ももらえるんだね。[17]

安部　うん。里親も施設と同じで、戦前から、身寄りのない子どもを家庭に迎え入れて家族同然に育ててきたものを、国が後から制度にしていったんだよね。

おば　里親になりたいと思ったらどうすればいいの？　たとえばの話、私が「行くとこないならうちにおいでよ」みたいなテンションで里親はできないわけでしょう？

安部　さすがにそういう軽いテンションではできないね。里親になりたいと思った

16　里親は一つの家庭で1人～4人、実子を含めて6人までの子どもを育てることができる。「ファミリーホーム」では、受け入れる児童の定員が5～6人で、里親家庭よりも大きな家族になる。

17　養育費は、子ども1人あたり月9万円（虐待の影響や障害のある児童を預かる専門里親は月14万1千円）。そこに生活費として月5万2千円、乳児は月6万円がプラスされる。ほかに教育費や医療費も支払われる（子ども家庭庁.（2023）〝里親制度（資料集）〟）。

ら、児相に行って、面接や家庭訪問、研修を受けて**里親認定**をもらわなきゃいけない。[18]逆に言えば、認定さえもらえればおばちゃんでもできる。認定をもらうには一定の条件があるんだけど、里親を増やすために、東京などを中心に[19]だいぶ緩和されてきているんだよね。

おば　そうなんだ。どんな条件？

安部　自治体にもよるけど、収入や健康状態、家の広さとか「子どもが育つのに適切な環境か」っていう観点の条件があって。これまでは夫婦どちらかが育児に専念しなきゃいけなかったんだけど、今は共働きでも独身でも、子どもが育つ環境が整っていればできるようになった。

おば　夫婦で、かつどちらかが育児に専念しないといけないなんて、かなりハードル高いもんね。

安部　緩和はされたんだけど、里親家庭に来るのはやっぱり虐待を受けてたり、親から引き離されたりしてなんらかの傷がある子どもたちだからさ。自尊心が低くて、「この人は信頼できる大人なのか」って試すような行動をしたり、赤ちゃんみたいに甘えたりすることもある。実際、そういう問題行動に里親が対応できず、施設に返されちゃう子もいて。それくらい大変ではあるから、誰でも簡単にできるってわ

18　日本財団（２０２０）．“【里親になりたいあなたへ】里親登録の6つのステップ（特集第1回／全8回）”．

19　年齢要件における上限の撤廃、居住要件における家族構成に応じた広さの明確化、配偶者がいない場合の要件の緩和など（東京都福祉保健局）。

けじゃないんだよね。

おば　たしかに、気軽にできるもんじゃないか……。すごいな、里親やってる人。

安部　だから現状は、ビッグマザー的なドーンと構えた、人間の度量がデカイ人たちが中心にやっている感じなんだよ。でもそれじゃあ全然足りないから、条件を緩和してもっとハードルを低くしたと。

おば　でもなかなかビッグマザーにはなれないし、虐待を受けてきた子どもを預かることのハードルはけっきょく高くない？

安部　だから、担い手を増やしていくために、里親家庭が孤立しないような支援をしていくフォスタリング機関（里親養育包括支援機関）ができたんだよね。[20]

生みの親と育ての親をマッチングする「特別養子縁組」

おば　ちょっと前に観た映画で、長年不妊治療をした夫婦が養子を迎えるっていうのがあったんだけど。実際に養子を迎えている人たちもいるんだよね？

20　フォスタリング業務とは、里親のリクルートおよびアセスメント、里親研修、子どもと里親家庭のマッチング、里親養育への支援などを行う。本来は都道府県（児童相談所）の業務だが、民間への委託も行われている（資料は脚注12と同）。

安部　「特別養子縁組」って制度があるよ。生みの親と親子関係を絶って、育ての親が、戸籍上も親子になれる。

おば　血のつながりがなくてもいいんだ？

安部　そう、血のつながりのない子と親子になる制度だね。この制度も「予期せぬ妊娠による人工中絶を減らしたい」という、一人の産婦人科医の想いからスタートしてて。子どもの命を守るために、養育できない子を産んだ親には養子に出すことをすすめて、生まれた赤ちゃんを不妊に悩む夫婦に養子として託したんだよね。1970年から1980年代の話で、出生届を偽装していたんで事件にはなったんだけど。

おば　ロックだねえ！

安部　子どもの命を救ったことに多くの人が賛同して、後から民法が改正された。[21] **児童養護施設も里親も、特別養子縁組も、誰か一人の「子どもを守りたい」という想いと行為から、始まってるんですよ。**

おば　いい話。世の中捨てたもんじゃないねえ。

安部　子どもの命を守るとか、マイノリティの権利を守るとか、社会に必要なこと

21　矢満田篤二・萬屋育子『「赤ちゃん縁組」で虐待死をなくす』（光文社新書）

であっても、現行のルール内ではできないこともあって。誰かがそのルールを破るリスクを取ってきたからこそ、社会が変化してきた側面があるんだよね。

おば　誰かがリスクを取ったことで、社会がやさしいほうへ進んできた。子どものために、大人たちもなかなかやるなあ。

安部　特別養子縁組も子どものための制度ではあるんだけど、その背景には、親の事情があって……。

おば　親の事情ってたとえば……？

安部　生みの親で言えば避妊の知識がないまま若くして妊娠したとか、男性側が逃げたり拒否をしたりとか。自分が育った家庭にトラウマがある、障害がある、貧しくて養育が困難……そうした理由で生みの母親が孤立しちゃってる状況があるんだよ。

おば　ああ、なんで女ばっかりに子育てを押しつけるんだろうね。

安部　その一方で、日本は「不妊大国」って言われているくらい、不妊に悩んでいる人たちが多い。

おば　不妊治療してる人、周りにもいる。バリバリ働きたい時期と妊娠適齢期って重なりがちだからねえ。

安部　子を育てられない親と育てたい親。特別養子縁組は、児相[22]やあっせん団体が両者をマッチングする制度なんだよね。

おば　マッチングって……、どうやって？

安部　生みの親に関しては、直接相談を受けたり、病院から相談されたり。育てる側、つまり養子縁組を希望する人には、年齢、経済力や夫婦関係も含む家庭環境、親になる心構えの調査や研修がある。細かな条件は自治体やあっせん団体によっても異なるけど。

おば　生みの親が、実際に産んでみたら気が変わって自分で育てたくなった、なんてことはないの？

安部　どれだけ養親《ようしん》が迎え入れる準備をしていても、実親《じつおや》の気が変わって白紙に

22　児相では、特定妊婦など一部の厳しい条件におかれた実親のみ対応している。「特定妊婦」とは、「知的障害・精神障害などがあり育児が難しい」「望まない妊娠やパートナーのDVによりサポートする人がいない」「若年妊娠」「生活困窮」など、出産後の養育について支援を行うことが特に必要と認められる妊婦のこと（厚生労働省）。

戻るケースも中にはある。親権のある実親は特に調査とかされないんで。特別養子縁組は拒否したけど、けっきょく自分で育てられなくて子どもが施設に行く、なんてこともあるね。[23]

おば　まったく自分勝手なんだから。子どもの身にもなってよねえ。ちなみにこのやりとりにお金は発生するの？

安部　児相は無料だけど、**あっせん団体はピンキリで200万円くらいかかるところもある。**[24]

おば　200万?!　人身売買じゃないんだから……。何に対して払うお金なわけ？

安部　実際にそういう批判はあるね。ただ、収益を目的としたお金ではないよ。実親が子どもを預ける決断をするって簡単にできることじゃない。あっせん団体は実親のカウンセリングをして、妊娠中もケアをして、出産に立ち会って……。同時に養親が子どもを預けるのに適切か調査をする。そこまでしてもマッチングが成立しないこともあるわけです。児相は税金でまかなっているだけで、その間の人件費や実費、団体を運営していくのにもお金はかかるからね。

おば　とはいえ養親の立場からしたら、養子を迎えるのに200万円は高くない？

23　日本は他国と比べても実の親が持つ親権が強いため、特別養子縁組においても「実際に産んでみたら自分で育てたくなった」ということが起こる。だから、日常的に虐待があって、あきらかに子どもが育つ環境として家庭が適切ではなくても、実親に親権があるから、引き離せない。「親権制限」事件は、年間250～300件ほどあるが、実際に親権喪失したケースは半分に満たない（裁判所．（2023）．〝親権制限事件及び児童福祉法に規定する事件の概況〟）。

24　こども家庭庁．〝令和4年度養子縁組実態調査結果（民間あっせん機関）〟．

不妊治療もお金がかかるとは聞くけどさ。

安部　そういう疑念を払拭《ふっしょく》するためにも、民間のあっせん機関に関する法律が定められた。国があっせん団体を評価して認定を出すしくみができたんだよね。自治体によっては、養親に対する補助金制度も出てきてる。[25]

おば　養子を迎える側の負担を減らして、国も自治体もこの制度を積極的に進めたいってことだよね。

0歳女子が人気⁉「特別養子縁組」のハードル

おば　でも特別養子縁組、身近な選択にはなっていないよね？

安部　特別養子縁組は年間700件近く成立していて、ここ15年で倍くらいに増えてはいるよ。[26] ただ国が目指している年間1千件は一度も超えたことがないし、近年は600〜700件前後。ここ最近は伸び悩んでいる。その理由としては、やっぱりマッチングまでのハードルが高いんだよね。

25　東京都福祉局〝令和5年度 養子縁組民間あっせん機関助成事業（養親希望者手数料負担軽減事業）について〟

26　SOMPOインスティチュート・プラス〝（2023）〟〝社会的養護のこれから（2）〟

おば　マッチングまでのハードル？

安部　まず、生みの親にとって、特別養子縁組は戸籍上でも「親子関係を完全に切らないといけない」わけ。施設や里親に預けるのであれば、親権は持ったまま、たまに会うこともできるし、また一緒に暮らせるかもしれないじゃん？

おば　自分は育てられないけど、親でいたい。親の資格ある？　それ？

安部　まあでも実の子と親子の縁を切るって心理的なハードルは相当高いよね。施設に預けたくて預けてるわけじゃない、今は育てられないけどいつか迎えに来るって思ってる人もいるし。

おば　その「いつか」がほんとに来るならいいけどねえ。

安部　まあそれは本人にもわからないよね。虐待する親と同じように、子どもを育てられない親も、何かしらの社会課題の当事者であるケースが多いから。団体によっては実親の自立サポートを手厚くやっているところもあるね。

おば　他人に子どもを託《たく》すって相当な事情がないとできないよね。

安部　次に、子どもを育てたい人にとって、特別養子縁組は「産んで親になる」より条件が厳しい。共働きに理解のある団体も増えてきたけど、育児に専念できる家庭環境が望ましいとされているので、育休は推奨されてるね。年齢制限もあるし、収入も見られる。あっせん団体も子どもを守るために、あらゆるリスクを考慮してシビアに審査してるんだよね。

おば　親になる審査！　一握《ひとにぎ》りの人しか養親になれなくない？　私、そんなのされたら親になれなかったかも。

安部　厳しいんだよ。とはいえ民間のあっせん団体は、成り立ちもマッチングの進め方も大事にしていることはそれぞれ違う。そのぶん、選択肢も多様ではあるんだけど。

おば　あっせん団体によるんだね。

安部　マッチングのハードルはさらにある。養子を希望する人は不妊治療を経てたどり着いたケースがほとんどなので、生まれた直後から迎え入れる「赤ちゃん縁組」を望んでるわけですよ。

おば　赤ちゃん縁組？

安部　満15歳未満であれば特別養子縁組は結べるんだけど、**やっぱり0歳の女の子が人気なの。残酷《ざんこく》な現実っす。**

おば　「人気」って、選べるの？

安部　まあ、建てつけとしては選べないんですけど。実質、希望は出せるし、児相やあっせん団体から「この子はどうですか？」って言われたときに、詳細を聞いて断ることもできる。養親になる条件は厳しいし、選ぼうという軽い気持ちでなれるものではないけど。

おば　年齢とか性別とか出自《しゅつじ》を聞いて断るってこと？

安部　そう。でもまあ一生育てていくわけだから、この子を我が子として育てていくっていう覚悟が決まらないと難しいいんでね。ちなみに断った場合、次にいつ話がくるかはわからない。

おば　いつだって子どもは大人の都合に振り回されるのね。

安部　あと問題なのはマッチング「する側」の人手不足。今、年間で成立している特別養子縁組の約半分強のマッチングを児相が担っていて。[27] 特別養子縁組で児相が受け入れる妊婦は貧困・障害とか特定の条件下にある人だけで、分母は少ないはずなんだけど、それでも児相がメインプレイヤー。でもほかの業務もあるんでとにかく忙しい。

27　正確なデータは存在しないが、2020年には、全国に約230カ所ある児童相談所において、特別養子縁組の年間の成立件数は1カ所につき平均1・95件だった（厚生労働省，（2022），〝特別養子縁組推進のための環境整備に関する調査研究報告書〟）。

おば　片手間でできることじゃないよね？

安部　うん。民間のあっせん団体は全国に現在22あるけど、マッチングにはコストもかかるし、事業拡大するのは難しいので、１団体が年間できる件数は40〜50件が限度なんだよ。[28]

おば　子どもの生涯を決めることにもなりかねないもんね。

安部　子どもの行き先を考えるとき、児童養護施設より里親、里親より特別養子縁組と、子どもとの距離が近くなるほど審査のコストがかかるし、慎重にならざるを得ない。

おば　そりゃそうだ。

安部　実親、養親、あっせん団体、それぞれに課題があって、なかなかマッチングが進まないんだよ。

28　民間あっせん団体の数は、こども家庭庁〝養子縁組あっせん事業者一覧（令和6年4月1日現在）〟を参照。年間の成立件数は、機関により0件から50件程度までとばらつく。規模や支援方法も機関ごとに異なっている（資料は脚注27と同）。

虐待から子どもを守るためには？

孤立した親子に介入する児相のリソース（予算）を増やす

おば　てかさ、児相の登場率高すぎない？

安部　最初に「なんでも屋」と言った通り、児相は虐待の相談対応に始まり、親の支援、一時保護所で子どもの受け入れ、児童養護施設や里親への委託、特別養子縁組のマッチング、それらぜんぶやってます。

おば　忙しいね。人がたくさんいる大きな組織なの？

安部　今、全国に児相は200カ所くらいあるんだけど、虐待増加を受けて、国が児童福祉司を増やしてきた。2017年度に3千人くらいだったのが、2024年度には6千人を越えている。[29]

おば　一応増えてはいるんだね。やることいっぱいありそうだし。

29　厚生労働省．（2024）．〝令和6年度における児童福祉司・児童心理司の配置状況について〟．

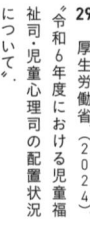

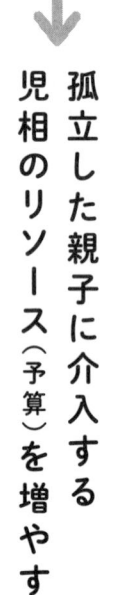

安部　それでも児童福祉司一人当たりの虐待相談対応件数は、年間平均約45件。人口が多い東京や大阪では平均70件だからね。[30]

おば　虐待相談を70件も!?　一人で!?

安部　そう、圧倒的な人手不足！　増員前までは一人当たり平均100件を超えてたから、まだマシになったみたいなんだけど。

虐待件数は年々増加してるし、一人当たりの件数が増えていけば、現場は疲弊《ひへい》していくよね。長時間労働、時間外労働も多くてめちゃくちゃ忙しい。メンタルヘルスが崩れてしまう児童福祉司も少なくないんだよ。[31]

おば　想像しただけで大変な仕事だもん。

安部　そう。何万人の子どもの命を救っても褒《ほ》められないけど、一人命を落とせば袋叩《ふくろだた》きになる。親からも子どもからもなかなか直接感謝されないどころか、責められたりもする。高い志を持っていても、辞めちゃう人も多くて。現場では、勤続年数3年未満のスタッフが約5割。[32]

おば　知れば知るほど、酷《こく》な仕事。そこで働いている人を尊敬するわ。

安部　人手不足によって、子どもや親ときちんと向き合う時間が確保できず、やり

30　2020年度の数値（厚生労働省,（2020）,〝令和4年度における児童福祉司等の配置目標等について①〟）。

31　PwCコンサルティング合同会社,（2021）,〝令和2年度子ども・子育て支援推進調査研究事業児童相談所職員のメンタルヘルスに関する調査事業報告書〟.

32　厚生労働省,〝図表1-2-81　児童福祉司の勤続年数割合の推移（各年度4月1日時点）〟.

がいも感じられず、辞めてしまう。その悪循環を断ち切らないと！　だって家庭、地域、学校のコミュニティが機能しなくなった今、揺らぐ家庭に第三者として介入する役割を果たすのは児相しかないから。

おば　児相が最後の頼みの綱《つな》！

安部　そう。児相の担当者が、虐待が起きている、あるいはその可能性がある家庭に定期訪問して、様子を見て親や子どもの話を聞く。人が家に来ることを考えたら、ある程度牽制《けんせい》も働くわけだから。

おば　児相もある意味「周囲の目」だ。

安部　地域コミュニティが希薄になった今の時代に、**考えられる解決策は、児相のリソースを増やすこと。**つまり親の自己責任に終始せず、**助けてくれる個人の善意によらず、国のシステムとして、**子どもたちに対するリソースを投入することなんですよ！

おば　なんだ、答えは見えてるじゃん！　なのに、リソースを増やすのは難しいの？

安部　国の予算の問題だね。出生数が70万人台、60万人台とどんどん減って、少子化は待ったなしの状況。こども家庭庁が設立され、子どもの福祉にまつわる予算も増えてはいるよ。でも、年々増えまくってる虐待相談件数には十分に対応しきれていない。現状の日本は、社会保障費として働く親世代からお金を引っ張ってきて、高齢者に回すしくみになってるんで。

おば　ほんとやんなっちゃう。って私もそのうちすぐ高齢者になるんだけどさ。

安部　高齢者といっても、大きな医療費や社会保障費がかかるのは、主に80代90代なので、75歳くらいまでの高齢者と現役世代の若者は対立構造にあるんじゃなくて、実は利害は一致しているはずなんだよね。

おば　選挙に行く高齢者優先で、選挙に行かない若者は後回しってよく言うけど。

安部　親世代は所得が頭打ちなのに、社会保障費はがっつり引かれるし、国は子どもや若者に対する政策に十分な予算をつけないので、子どもたちにも、それを支える教員や保育士にもお金が回らない。けど、しっかり予算をつけて次世代に手厚いサポートをして、子育て中の親世代がハードルを感じることなく働いて日本経済が活性化すれば、高齢者もその恩恵を受けられるはずなんだよね。

おば　子どもたちや若い世代にお金を投じたほうが、そりゃあ経済も回るわよね。

安部　今、子どもに使われている予算は6兆円くらい[33]だけど、本気で子どもたちを

33　こども家庭庁予算（5兆3千億円）と、育児休業給付（約9千億円）をあわせた額（こども家庭庁.（2024）.〝令和6年度子ども・子育て支援関係予算案の状況〟）。

守っていこうと思ったら2桁《けた》兆円くらいは必要だとおれは思うんだよ。特に、子どもが育つ「家庭以外の周辺環境」を整えることも含めてね。

「周囲の目」という社会資源を投入し続ける

おば　他人事みたいに児相を頼ってるけど、個人でできることってなんかないの？

安部　現状を変えていくときに、個人の力は大したことはないと思うかもしれないけど、「関心」を持つことって大事で。みんなの関心が高まったことで、通告が増えて児童虐待が発見しやすくなったように、**「周囲の目」って社会資源として価値があるんだよ。**

おば　おばちゃんのおせっかいが、社会資源になるって理解で合ってる？

安部　そうね。近所の人にあいさつをすることから始めて、お祭りをはじめとした地域活動に参加することも、善良な「周囲の目」として機能する地域貢献になるからね。さっき話してたように。

おば　もう定年も近いし、暇になりそうなおばちゃん、いよいよ地域に繰り出すか！　そのうち祭りでフランクフルト焼いちゃったりして。

安部　そうそう。地域に友だちがいたら孤立しないからさ。あとは様子がおかしいなと思ったら「１８９」に通告する。通告するっていうと、悪いことをしているのを言いつけるような感覚があるかもしれないけど、閉じた家庭の中で追い詰められている親子を助けることになるかもしれないんで。

おば　怪しいなと思ったら、１８９！

安部　周囲の目によって「発見」さえできれば、緊急性や問題性が高いケースは児相というプロに任せればいい。

そうするためには、児相の人員を増やして、安心して任せられるような体制をつくっていく必要はあるんだけど。その先に子どもを受け入れる体制も整えていかなきゃいけないし。あとは、学校とか民間団体含め情報共有をして、親子を孤立させない体制を地域でつくっていく必要もある。

おば　まだまだ課題は山積みだけど、とにかく**「親子の孤立」を断ち切らないといけない**ってことね！　自分も孤立せずに、友だちの親子とか、周囲の人を孤立させないってことをまずは意識してみよっと。

安部　あとは、虐待をはじめ、子どもに関する課題に対して発言したりアクションを起こしたりする人たちを支持していくことだね。10年くらい前に「保育園落ちた日本死ね!!!」[34]のブログがバズりにバズって国会まで届いたじゃん? あれって、**一人の悲痛な叫びに「私もそう思ってた!」って声を重ねた、個人の想いの集積**なわけよ。

おば　私もシェアした! あれからそんなに経つのか……。あの波は大きかったねえ。

安部　どんどん大きくなって、そっから国も「解決しないといけない問題なんだ」って認識して、実際に対策に動き出した。ここ数年で待機児童問題はだいぶ解決されてきたと思うよ。

おば　個人の力も無力じゃない!　って、そういう話?

安部　ほんとにそうなんだよ。なので自分が前に出て動かなくても、関心を持って、解決に向けて前に立つ人、**「いいリーダーを支持する、いいフォロワー」**になることも、個人にできることだね。そのためにも、自己責任だと突き放さず、これまで話してきたみたいに問題の「構造」を知っておくことが大事なんだよね。

34　2016年2月にオンラインの日記サービスに匿名で投稿された、待機児童問題を批判する記事。「このフレーズが社会問題を現出させた」と、2016年のユーキャン新語・流行語大賞に選出された。

第1・2章のまとめ

- 虐待の背景には、親が精神的に追い詰められているケースや、子どもの発達障害への理解が進んでいないことなどがある。親が自覚なく行ってしまうことも多い。
- 現代社会では地域コミュニティの機能が低下し、家庭が孤立しがち。特に都会では「周囲の目」や助けが入らなくなった。
- 怪しいと思ったら「189（いちはやく）」へ。児童相談所（児相）は、親と子どもの相談を受け支援につなげる役割を担う。
- 虐待の可能性がある場合は子どもは「一時保護所」で保護される。大半は家に戻るが、最終的に児童養護施設や里親、養親の家庭で育てられることもある。
- 善意によらない、国のしくみとしての子どもへのリソース投入は重要。一方、親子の孤立を防ぐには個人の力もあなどれない。

テーマからの広がり

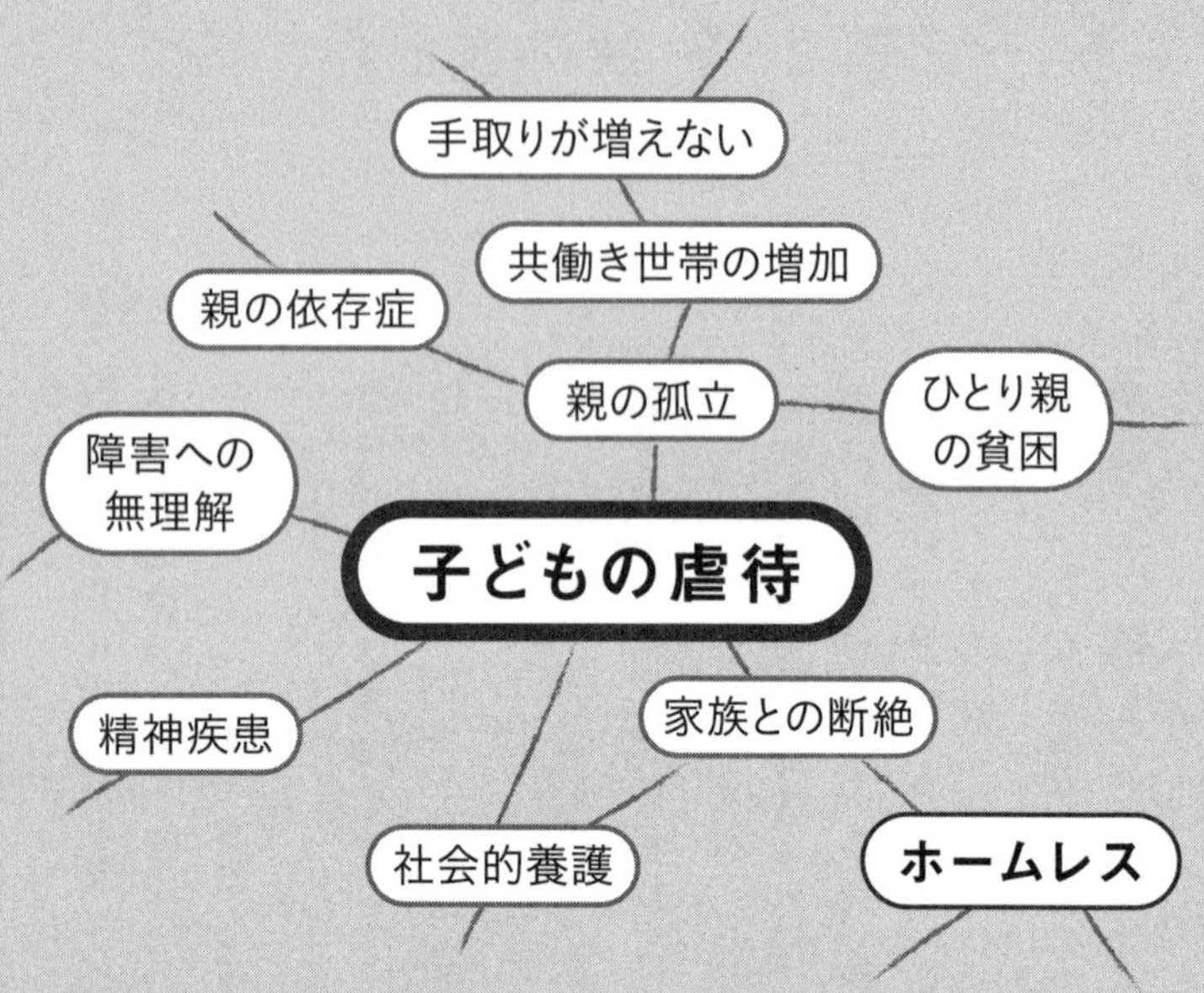

→ 児童養護施設で育った16年

「それまで積み上げてきたものがすべてなくなってしまったような気持ちでした。心にぽっかり穴が空いたような孤独感が強かったです」。生後4カ月で乳児院に預けられ、2歳から児童養護施設に入所し、児童養護施設で16年間過ごした当事者が、退所後の気持ちを振り返るインタビュー。

記事はこちら
（執筆：リディラバ）

第3章

発達障害

自分の「苦手」、名前がついたら安心します?

「障害」は社会の側が決める

うちの7歳の息子
発達障害かも
しれないの…
えっ
何か
あったの?
授業中ずっとイスに
座ってられなくて
落ち着きがない
学校からの
プリントもすぐ
なくしちゃう
かと思ったら
着るもののこだわりとか
めちゃくちゃ強いの
……
コレ
誰かに似てない?
はっ
旦那《だんな》だ!
あの人
発達障害
だったの!?

ーって思っちゃったのよ〜
ははっ
おじさんそういうところあるね!!
こういう特性って大なり小なり誰でもあるから定義が難しいんだよね
ASD
(自閉スペクトラム症)
SLD
(限局性学習症)
ADHD
(注意欠如・多動症)
でもって「障害」は今の時代、社会モデルで考えるんだ
どういう意味?
個人の特性が「障害」になるかは、社会側が決めている
ってこと

メガネというテクノロジー

おば　個人の障害を「社会側」が決めるってどういうこと？

安部　たとえば目が悪くたって、メガネやコンタクトの技術があるから障害にはならないじゃない。つまり社会側に十分なサポート技術や制度があれば、障害にはならないんだよ。これを**「社会モデル」**って言うんです。

おば　足が悪くても、すごい精度の義足が開発されたり、車椅子でももっと街がバリアフリーになったりしたら、障害にならないってこと？

安部　そう。「障害者総合支援法」とか、現代の障害者への福祉は基本的にこの「社会モデル」の思想に沿《そ》ってつくられているんですよ。

おば　その法律、何？

安部　障害者の日常生活、社会生活をサポートするために制定された福祉法だね。

おば　法律で定められてるんだ。でもさあ、社会の中に「障害」、けっこうあるよね。

子どもが小さいとき、ベビーカーでの電車移動、ほんっっとしんどかったもん。心が折れて、まじで出かけたくなかった。車椅子《くるまいす》の人も同じでしょ。

安部　公共機関はまだ整っているほうだよ。この前足の不自由な友人が、車椅子でレストランの入店を断られたと怒っていたけど、テナントに入っている店が建物の構造を変えられるかっていったらなかなかできない。障害者差別解消法の中でも**「合理的配慮」**って言葉で濁《にご》されてて、「なるべくがんばりましょう」ってスタンスなの。

おば　合理的配慮……。他人に配慮しましょうって言われても、自分の損得を考えちゃうのが人間よね。

安部　車椅子の客側からしたら合理的配慮が足りないって話だし、店側からしたら、だからと言って改築する費用もないので、「合理的」ではない。よく揉めてるし、これからも揉めるでしょうね。ただ、**障害は社会側がつくるもので、取り除く責務があるっていう「社会モデル」が福祉の基本の考え方です。**

おば　障害は環境がつくる。だから社会側に取り除く責任がある。そういうことかな。

障害を定義する「生産性」？

安部　今の日本で、障害を定義する要素の一つに「生産性」があると思うんだよね。というのも、障害者の定義は、「身体障害、知的障害または精神障害があるため、継続的に日常生活または社会生活に相当な制限を受ける者」[1]とされているんだけど、その**「社会生活」の少なくない部分に「雇用」が含まれる。**雇用されるかどうかはその人の「生産性」で決まる側面があるからね。

おば　生産性って、働いて価値を出せるかどうかってこと？

安部　そう。もちろん人は生産することだけが価値じゃないんだけど、社会が求める生産性に満たず、雇用において相当な制限を受ける人を障害者と定義する側面があるとおれは解釈してる。踏み込んだ解釈で、ちょっと抵抗があるとは思うけど。

おば　人を労働力として見る資本主義社会の厳しさが垣間《かいま》見えるね……。

安部　まさに近代の資本主義社会においては、人が労働して社会が成立するっていうのがベースにあるわけだから。やさしいあいまいな言葉で濁してるけど、法律で

1　障害者基本法より。

も障害者に「生産性」のモノサシを当ててるんだよ。

おば　残酷でシビア。心がざわつくなあ。歩くのが難しいとか発達に遅れがあるってことを、労働の生産性と結びつけたことはなかった。でもさ、生産性っていう文脈では高齢者も働いてないじゃん？

安部　うん、働く機会が限定されるという意味では同じだね。だから高齢者も障害者も、置かれている状況はそれぞれに異なるけど、年金をもらうわけ。

おば　私も早く年金生活したいわよ。でも、それって「働けない」って国から烙印《らくいん》を押されるようなものなのか。それもなんかいやね。

安部　年金っていうのは、働く機会が限定される高齢者や障害者に対して、働ける現役世代が稼いで支えましょうっていう制度でしょ。もっと言えば、**誰もがいつかは老いるし、誰もが障害の当事者になる可能性もある。**そうなったときの保険として設計しているのが、年金制度なんだよね。

おば　老いる実感はあるけど、自分が障害者になる可能性は考えてなかった。逆にその定義なら、バリバリ働いているうちの夫は障害者ではないわ。

安部　雇用の観点で、現代社会が求める一人当たりの生産性ってどんどん高くなってきている。市場がグローバルに広がって、ＡＩをはじめテクノロジーが入ってくることで、人間に求められる能力は上がってるよね。

おば　今で言えばグローバルで活躍できて、ＡＩに取って代わられない人材ってやつ？　その文脈で言えば私、かなり生産性低いわ。英語もできないし、デジタルもよくわかんないし。

安部　まあ、みんなそうよ。だから一部の天才が、新しい価値を社会に生み出し巨万の富を生んで社会を豊かにしていき、生産性が低い大多数の人は障害者になっていくっていう未来もあり得なくはない。障害者を生産性で定義しているかぎりね。

おば　大多数の人が障害者になる……？　そんな未来、怖いわ。

安部　極論ではあるけど。経済活動に強くひもづく「生産性」で障害者を定義している社会の現場を直視して、かつ「自分たちが障害者になる」可能性があることを、自覚するべきだとおれは思ってるんだよね。

右肩上がりの「障害者」

安部　実際に「障害者」と呼ばれる人たちは増え続けているんだよ。

おば　そうなの？

安部　障害基礎年金が支給され始めたのは１９８６年なんだけど、障害者の総数はずっと右肩上がりなの。[2]

おば　え？　なんで？

安部　いろんな側面があるんだけど、発達障害に関しては、まず認知が広がったことが大きいよね。

おば　発達障害ね！　よく聞くようになったけど、ちゃんと理解できていないような……。

安部　発達障害は、生まれつきの脳の働きの違いによって、行動や情緒に特徴が出てくる障害。それぞれの「特性」と周りの環境とのミスマッチから、生きづらくなっ

2　内閣府．（２０１３年、２０１８年）．〝障害者白書〟．

てしまう人も多いんだよね。その特性も、「じっと座っていられない」とか「かんしゃくを起こす」とか「偏食だ」とか。**性格の問題ととらえられがちなんだけど、生まれ持った脳の特性なんです。**

おば 脳の特性なんて、目に見えないもんね。

安部 **社会の中で区分したほうがコミュニケーションしやすいから「発達障害」と呼ばれているけど、「グレーゾーン」という言葉があるくらい障害の境界線はあいまいだよ。**

おば グレーゾーンって、障害者と健常者のあいだ的な?

安部 医療用語ではないんだけどね。発達障害の特性はあるけど、診断はされていない状態をさす言葉[3]。それくらい境界線があいまいで、本人も周囲も障害というか特性であることに気づきにくいんだよ。

おば 私も夫が発達障害かもって思ったのはつい最近で。それまでずっと行動が理解できなくてむかついてたわよ! たぶん、その「グレーゾーン」だと思うわ。

安部 「障害は個人ではなく社会が決める」っていう話をしたけど、「発達障害」も、**「社会的な認知」が広がることで、個人が「障害者」であることに気づいていく。**

3 「発達障害の診断を受けた方と比べて、日常での困難は少ないと思われがちだが、「支援を受けられない」「相談先がない」「理解を得られにくい」といった特有の困りごとがある」(LITALICO『発達障害グレーゾーンの子どもとは』)。

発達障害や精神障害は目に見えないから、障害があったとしてもこれまで放置されてきたわけで。

たしかに私が子どものころは発達障害なんて言葉なかったもん。ある意味、社会の中で「障害」じゃなかったわけだ？

安部　そんなに困る人がいなかったという側面はあるよね。産業の中心が製造業からサービス業に変化して、生産性の文脈では高いコミュニケーション能力が求められるようになった。だから、対人関係とかコミュニケーションが苦手という特性がある人が「障害」を感じやすくなった。

おば　就活でもやたらコミュニケーション能力を求められたし、コミュ力高い子が一流企業に内定もらってたわ。

安部　コミュニケーション能力の不足で就職が困難とか、生きづらさを感じた人が「自分は発達障害かもしれない」と思うわけです。**日常生活の中で困難が生じてはじめて「障害」になる。**これは、たとえば依存症でも同じ。アルコールの摂取量ではなく、「社会生活に支障」がある場合に、アルコール依存症になる。

おば　たとえば常に泥酔してても、生活に困難が生じてなければ、アルコール依存症ではないってこと？

安部　そういうこと。障害についても、生産性しかり、自分たちの生活に困難が生じるから障害者手帳の申請するわけなので。そういう意味では、発達障害がなぜ広く知られるようになったかというと、困難が生じて「自分が障害者かも」と思うシチュエーションが増えているからなんだよ。

おば　コミュニケーションが苦手な人が「困る機会が増えた」のかな？

安部　そうだね。自分が発達障害かもと思って診断につながる人が増えたはずだよ。

健常者と障害者のあいまいな境界線

おば　ねえ、障害者が増えているってことだけどさ、逆に、社会の側が障害をつくっているってことなら、社会が変われば、障害がなくなるってこともあり得るの？

安部　すげえ難しいけど、理論上はあり得るね。たとえば民間企業における障害者の法定雇用率は、段階的に引き上げられて、２０２６年からは2・7パーセントになる。従業員が37・5人以上いる企業は障害者を雇用する義務が出てくるんだけど。[4]

おば　わりと小規模な会社でも、障害者を雇う義務があるんだね。

安部　そうなると、特に身体障害者は雇われやすくもなる。リモートワークで完結する仕事だったら、足が不自由なことがデメリットにならないじゃない。

おば　農業とか工事現場では働けなくても、事務とか企画とか、頭を使ってＰＣを使う仕事はできるもんね。

安部　産業構造が変化したことで、発達障害とは逆に、身体障害者は昔に比べて働きやすくなっている。社会が変わって、「障害」が「障害」じゃなくなるとも言える。

おば　身体障害者の「生産性」は上がっているわけだ。

安部　うん。もちろん健常者の中にもグラデーションがあるわけなんだけど、そうなっていくと、ある健常者より、ある身体障害者のほうが生きやすいって状況が生まれる可能性もあるよね。

おば　生産性って文脈だと、どっちが障害者かわかんなくなるね？

4　健常者の従業員数によって、雇う障害者の従業員人数が決まる（厚生労働省〝障害者の法定雇用率引上げと支援策の強化について〟）。

安部　そもそも脳の機能には人によってけっこう差があるわけですよ。数理能力とか絶対音感とか。もっと言えば、健常者の中でも身体能力に差があるわけで。身長190センチの人と150センチの人がいて、バスケでは高いほうが有利じゃん？でも宇宙空間に行けば身長が高いことはデメリットになる。つまり外部状況によってその人の相対的な生産性とか優位性って変わってくるんですよ。

おば　んー。でもさあ、生産性、生産性って言うけど、働くことだけが人生じゃないでしょう？

安部　それはその通りで、おれもそう思ってるんだけど。現代の生活を支えるメインストリームは生産性を定義する「労働」なんだよね。障害者総合支援法も、障害者が自立していくこと＝働けることを規定する法律だから。

ただＡＩとかテクノロジーによってあらゆるものの生産コストが低くなれば、「働かざる者食うべからず」の前提が崩れていくかもしれない。

おば　今は生きていくだけでお金がかかるから、稼がなきゃいけないけど、生きていくことにお金かからなかったら、私たぶん働かないな。

安部　「働く」って、生活に必要なお金を稼ぐ以外にも、やりがいとか、社会に貢献する、承認欲求を満たすとかって側面もある。でも、それもＳＮＳとかほかの

ものでで満たされたりもするわけなんで。

おば　じゃあさ、よくわかんないけどAＩが活躍して、人間に生産性が求められなくなったら、障害は減るの？

安部　うーん。発達障害の特性によって課題になる社会性や人と協働すること、利害関係の調整、「相手の立場に立って空気を読む」とかって、基本的にAＩも苦手なんだよね。

おば　人間にしかできないこともあるもんね。

安部　ただ大規模言語モデル（ChatGTPなど）が出てきて、コミュニケーションの課題も解消されつつある。今後AＩが発展していけばその可能性はあるよね。とはいえ、人が人とつながっていたいと

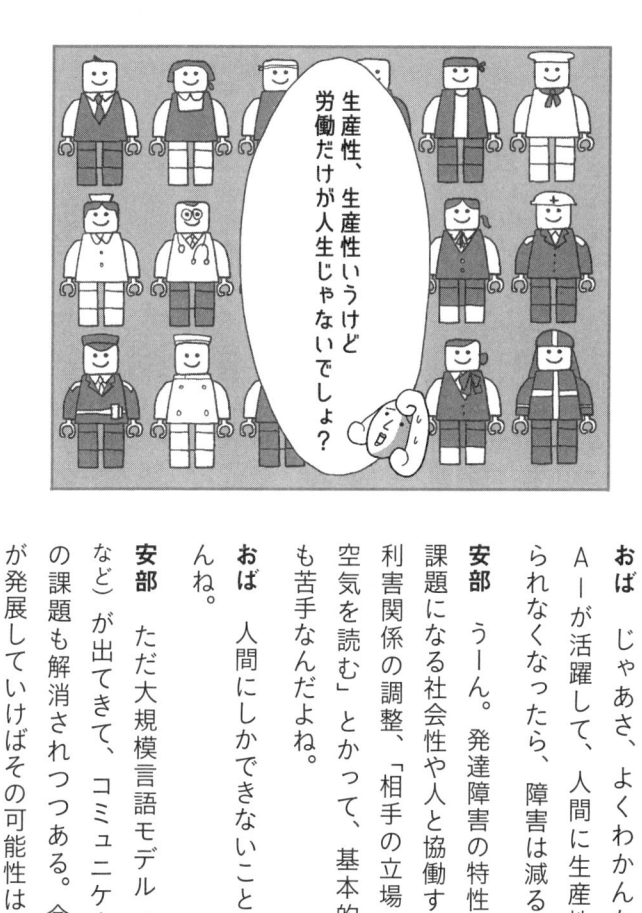

いうニーズはなくならないから、補いきれない部分もあるだろうね。仕事でも家庭でも、人と協働することに価値があるかぎり、コミュニケーションを起点とする障害はこれからも当分は増えていくと思うよ。

「ラベリング」の安心感と暴力性

ラベリングすることで奪われる意欲と自尊心

私みたいな意識が低い人間は「あなたは障害者です」とか言われたら、働かなくていいやってやる気がなくなっちゃいそうなんだけど。

安部　**社会課題ってラベリングすることから始まるんだよね。**でもラベリングって非常に暴力性があるし、その人の自尊心や意欲を奪う可能性があるんですよ。

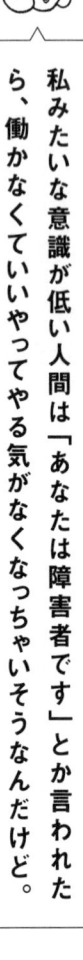

おば　自分に何かが欠けていたとして、まあ何かしら欠けてるんだけど、そう自覚してたとしても、人から「障害者」とは認定されたくないもんね。
じゃあさ、ラベリングするメリットって何？

安部　発達障害の当事者からすれば、自分が社会生活のある場面でがんばれないこと、生きづらさを感じることには「理由があったんだ」という安心感が得られるよね。

おば　安心感？　それだけ？

安部　あとは社会課題としてラベリングすることで、世の中の理解が広まる。当事者としても、社会のしくみの中で、サポートが得られるようになる。障害だと認定されれば「障害年金」ももらえるわけだから。

おば　ふうん。社会制度に落とし込まれるまでは、現実的なメリットはなくない？

安部　いや、社会制度ができる前であっても、正しく認知されていることで、周囲の人が困ったときに助けてくれるとか、小さな実利はあって。その小さな実利がけっこう重要なんだよね。小さな関心が「大きなやさしさ」になるわけだから。

おば　なによあんた、さらっといいこと言いすぎ。小さな関心が大きなやさしさになる。それってつまり、周囲の人が関心を持っていくことで、制度が変わってやさしい社会になっていくってことよね？　ラベリング、必要だね。

安部　ただやっぱり、**ラベリングって社会を変えていくためのものであって、個人を救済するためのものではないんだよね。**ラベリングによって自分がなぜ社会に違和感があるのかを論理的に説明できるようになることで、ホッとする人は多いとは思うけど。

おば　でも、社会に知られて知識が広まれば、差別されないとかはあるんじゃない？

安部　それは大きい。相手がちゃんと理解していれば配慮してもらえることもあるかもしれない。でも、逆に差別意識が生まれることもあるからね。

おば　たしかにね。「発達障害だから、コミュニケーションがうまく取れない」と判断して、避けちゃうとか。障害って言われると、急に触れちゃいけないものとして構えちゃうっていうか。

安部　だから社会課題の文脈で「ラベリングする」って、その人のポテンシャルに蓋《ふた》をしてしまうことにも近いんだよ。社会に出るために学んでいる最中に「君は障害者で、将来働けない可能性があるから年金がもらえるよ」って、野球やっている少年に「君は将来プロ野球選手にはなれないよ」って言っているようなもんだから。

やる気なくすじゃん。

おば　天井を決められる感じはあるね。でも今、「健常者」にだってスポーツでも勉強でも会社でも「がんばれ！」って言えない時代だよね。期待をかけられないのは、昭和生まれの私としては切ない。言わないけど。

福祉は「君のせいじゃない」、教育は「がんばれ」

安部　根本的に、**障害者の権利を守る「福祉」**と、**若い世代の可能性を拓《ひら》く「教育」**って、ぶつかりやすいんですよ。「守り」と「攻め」というか。

おば　何がぶつかるの？

安部　福祉の世界は「他責」で、教育の世界は「自責」なの。

おば　ん？　どういうこと？

安部　教育は「自責」のスタイルで、本人の能力を伸ばしていくモデルなんだよ。テストの点数が悪いのは、宿題をさぼって勉強しなかった君の責任でしょうって。

一方、「障害」って福祉に分類されるので、勉強ができないのは君のせいではなく、十分なサポートをしなかった社会のせいだっていう「他責スタイル」なの。で、他責の環境で育った人が、いきなり自責の環境に投げ込まれると相当苦労しちゃうよね。

おば　でも基本、社会で働いて稼ぐって、自責じゃない？

安部　そう。他責でいいよ、社会が守るよって前提を信じて育っても、「社会の大部分は自責で成り立っている」現実がある。必要なサポートはすべきなんだけどね。

おば　けっきょく、痛い目を見るのは本人だよね。

安部　そうなんだよ。基本的に**教育や仕事は自責モデルで、福祉は他責モデル。**福祉領域で他責の環境にいると、就職しにくくなるケースは多々あって。だから障害者の親御さんもすげえ迷うんですよ。福祉領域は国の予算も潤沢で、「障害児通所受給者証」が発行されれば、発達支援という名のサポートが受けられる。

おば　発達支援って？

安部　たとえば、自治体がやっている児童発達支援センターで特別なプログラムが受けられる、とか。一方、教育の分野ではそうはいかない。特別支援学級に入るか、普通学級に入るか。自分の子どもは特別な支援が必要なのか、みんなと同じようにがんばれるのか。他責と自責の線引きが難しい。自責スタンスで期待をかけたところで、その期待がポジティブに働くか、ネガティブに働くかは、わからないし。

おば　その子の将来を考えると、何が正解かわかんなくなるね。障害だけじゃなくてさ。個人的なことでも何か問題が生じたとき、個人の性格なのか、努力が足りないのか、家庭とか職場とか環境のせいなのか、もっと広い社会のせいなのか。誰に責任があるかなんて、何事も境界線があいまいじゃない？

安部　だからこそ社会の群れの中では常にどこに責任があるのかって問題が出てくるよね。究極的に他責モデルが進んでいくと、殺人者も牢獄《ろうごく》に入らなくてよくなっちゃうからね。

おば　また極端な！　まあでも実際に殺人犯の精神鑑定によって求刑が変わるもんね。

安部　まさにあれは自責から他責への転換だね。犯人に責任能力があるかどうかを鑑定していて、なければ「社会のせい」というか自然状態に近いとして、刑罰がなくなる。雷が落ちてきて人が死んだときに「誰の責任でもないよね」って話と同じになる。親戚が落雷で死んでも、雷を恨みはしないでしょう？

おば　殺された側は、殺した側が障害者かどうかなんて知ったこっちゃないのにね。

安部　そういうとき、加害者と被害者の一対一の自責だけだった原始社会では、やられたらやり返すことで報復が起きていたわけ。「I」と「You」の当事者関係に、「They」という第三者が入ることで「社会」が生まれた。

おば　「社会」ってそもそも「第三者」みたいな概念なのかな。

安部　社会が関与することで、「やったらやり返す」復讐の連鎖を抑え、次なる犯罪の予防的アプローチができるようになった。当事者じゃない第三者だからこそ、感情の痛みを理解しつつも、客観的に課題解決ができるわけだよね。

おば　たしかに、他人のことだと冷静に判断できるってことがあるもんね。

安部　一方難しいのは、加害者と被害者の構造が複雑になって、社会と当事者の距離が遠くなると、第三者である社会の側は当事者に関心を持たなくなってしまうこと。

おば　まさに、当事者と距離が遠いと興味もないし、「自己責任」でしょってさらに遠ざけてる気がする。

安部　個人の「自責」を「他責」ととらえて、社会の側で解決する。その積み重ねで、世の中は包摂的《インクルーシブ》になってきた。「手足がない」のも「知的能力が低い」のも自責ではなく、社会で関わる。**「他責モデル」、つまり福祉は、そうすることで障害者**

などマイノリティの人たちの権利を守ってきた。もっと言えば、それは社会が前進するイノベーションでもあったんだよね。

おば　困ってる当事者からしたら、「自責だろ」って言われる社会には希望を持てないもんな。他責モデルって、マイノリティの人たちが社会に信頼を置けるしくみに近づけることなのかもね。

安部　そう。おばちゃんも俺も、いつ当事者になるかわからないしね。

「自責」と「他責」を行ったり来たり

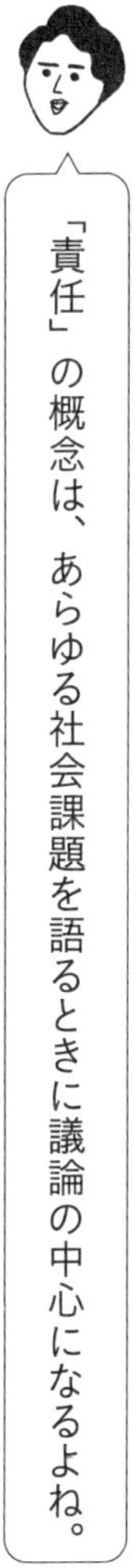

「責任」の概念は、あらゆる社会課題を語るときに議論の中心になるよね。

おば　責任？　なんで？

安部　責任がある人たちがその社会課題を解決していかなきゃいけないってことになるから。たとえばある特性があってコミュニケーションがうまくいかず、就職が

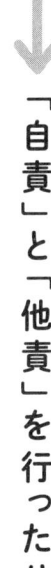

できないって課題があるとする。個人の性格や努力の問題とされれば、自己責任でなんとかしなさいって話になる。でも「発達障害」であれば、「障害」をつくる社会に責任があるから、社会が課題解決を担いますって話になるんだよね。

おば　「社会モデル」ってやつね。

安部　障害だと認定されることで、責任が社会側に生じて、税金を原資としたサポートが受けられて、課題解決が進むと。

おば　自分の性格だと思っていたものが「発達障害」とわかって、自責から他責に転換するみたいな？

安部　そうそう。発達障害に関しては早期介入が効果をもたらすことがわかっているから、子どものうちに親や先生、周囲の大人が特性を理解して、サポートして環境をつくっていくのがいいんだけど。若い世代の教育に関わる大人は、**自責と他責をうまく使い分ける**ようにしなきゃいけないと思うんだよね。

おば　「使い分ける」って？

安部　一対一の関係においては、**「自責」のスタンスで期待をかける。**社会に対しては、**「他責」スタンスで環境を整えて変えていく。**

おば　なんか難しそうだけど、物事のすべては「AかBか」の二項対立じゃないもんね。

安部　今の時代、無理はさせられないから、建前では「無理しないでね」とかやさしい言葉をかける。けど、それって長期的な視点では、努力をしないで不利益が生じたとしても自分で責任を取ってねってことじゃん。無理をせず努力もせず、仕事ができずに給与が上がらなくても誰も責任を取ってくれない。その現実は、自分で引き受けるしかなくて。

おば　たしかに、ある時期にがむしゃらにがんばったことが、後々の自分を支えることになるってことはあるよねえ。

安部　他責だけだと、ストイックに目標に向かえなくなって、一人一人のパフォーマンスが落ちて会社が業績を上げられなくなっていく。個人も、給与が上がらないから、長期的には不利益を被ることになる。

おば　「みんながんばらない」だと悪循環だね。

安部　だから、「対個人」には自責で期待をかけていくことも大事だと思っているんだよね。

おば　教育と同じで、ある程度は自分でがんばれって期待するってことよね。

安部　ただ一方で、今の企業は「自責文化のかたまり」だから、障害者の法定雇用率を上げて、組織内に「他責」の視点を入れていく。**障害者が働きやすい環境を整えていくことは、企業全体の働きやすさにもつながるはず**なんだよね。どこの企業も試みてはいるものの、自責文化の健常者と他責文化の障害者がともに働くことにはハードルがあるんだけど。

おば　他責と自責、どっちかに偏るんじゃなくて、どっちもあるとみんなにいい。

安部　**他責と自責の融合**は難しいけど、それをやっていかないと、個人も企業も、日本社会も、誰も幸せにならない気がおれはしてる。

おば　そんな未来はいやだなあ。私はやっぱり昭和のおばちゃんとして、目の前にいる若者にはがんばれ！　って期待をかけていきたいわ〜。

安部　そうそう。だから当事者も周囲の人も、**「発達障害」っていうラベリングは、特性への理解を促したり社会を変えたりしていくために利用しつつも、自分は自分、その人はその人として個別に向き合っていくしかないんだよね。**

おば　他責と自責を行ったり来たり。生きづらい世の中を渡り歩いていくためには、状況に応じて使い分けられたらいいのかもしれないね。その塩梅が難しいけど。

第3章のまとめ

- ☑ 「社会モデル」とは、「障害」は社会側がつくるもので、取り除く責務があるという考え方。
- ☑ 生産性が低い人を障害者と見なす資本主義の考え方があるが、社会が変わることで障害の定義も変わる。
- ☑ 「発達障害」というラベリングは、社会課題として取り組む出発点となる一方で、個人の可能性を制限するおそれがある。社会を変えていくために利用しつつも、「自分は自分」「相手は相手」として個別に向き合っていく必要がある。
- ☑ 障害者の権利を守るための福祉と、若い世代の可能性を拓くための教育では、「他責」と「自責」のアプローチが対立しやすい。
- ☑ 発達障害は早期介入が効果をもたらしやすいため、幼いうちに周囲の大人が特性を理解して、サポートできるとよい。

テーマからの広がり

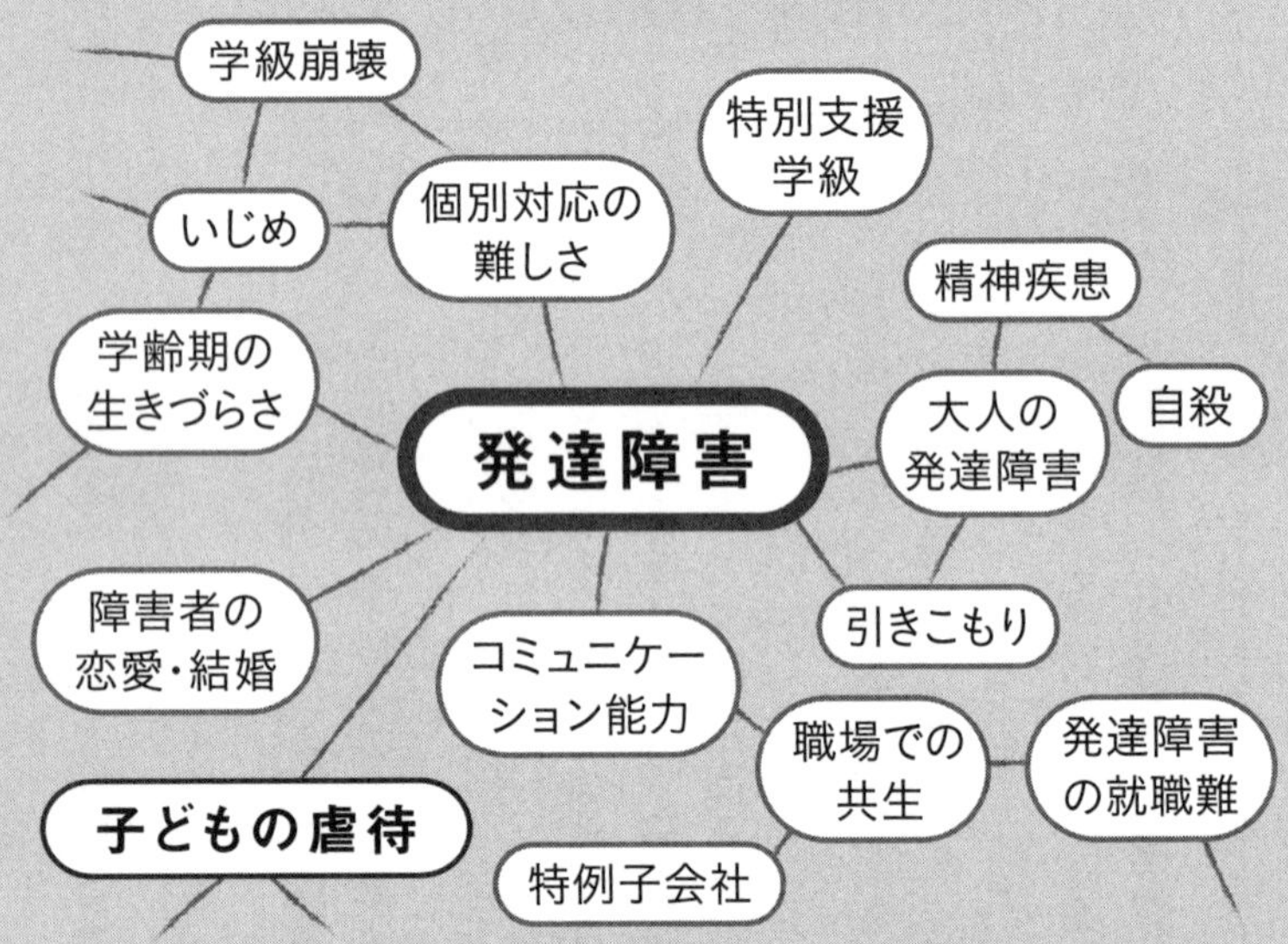

学齢期の生きづらさ

「本当にひとりぼっちだったんですよね。理解してくれる人や信頼できる人は、ひとりもいなかった」。発達障害の一つである自閉スペクトラム症(ASD)のある当事者は、子ども時代を振り返ってそう話す。インタビューを通じて、発達障害の特性を持つ子どもが、小中学校で抱える困りごとを明らかにする。

記事はこちら
（執筆：リディラバ）

第4章

ホームレス

道で寝ているおじさんたちは、働く気があるのかね？

どうしてホームレスになるの?
ギラギラ
はあ〜
今日も暑いわ〜
プ〜ン
なんか
におう!
ドーン
いつもの
オジサン!
こんな猛暑でも
路上生活か…
大変だわ
ササササ
……

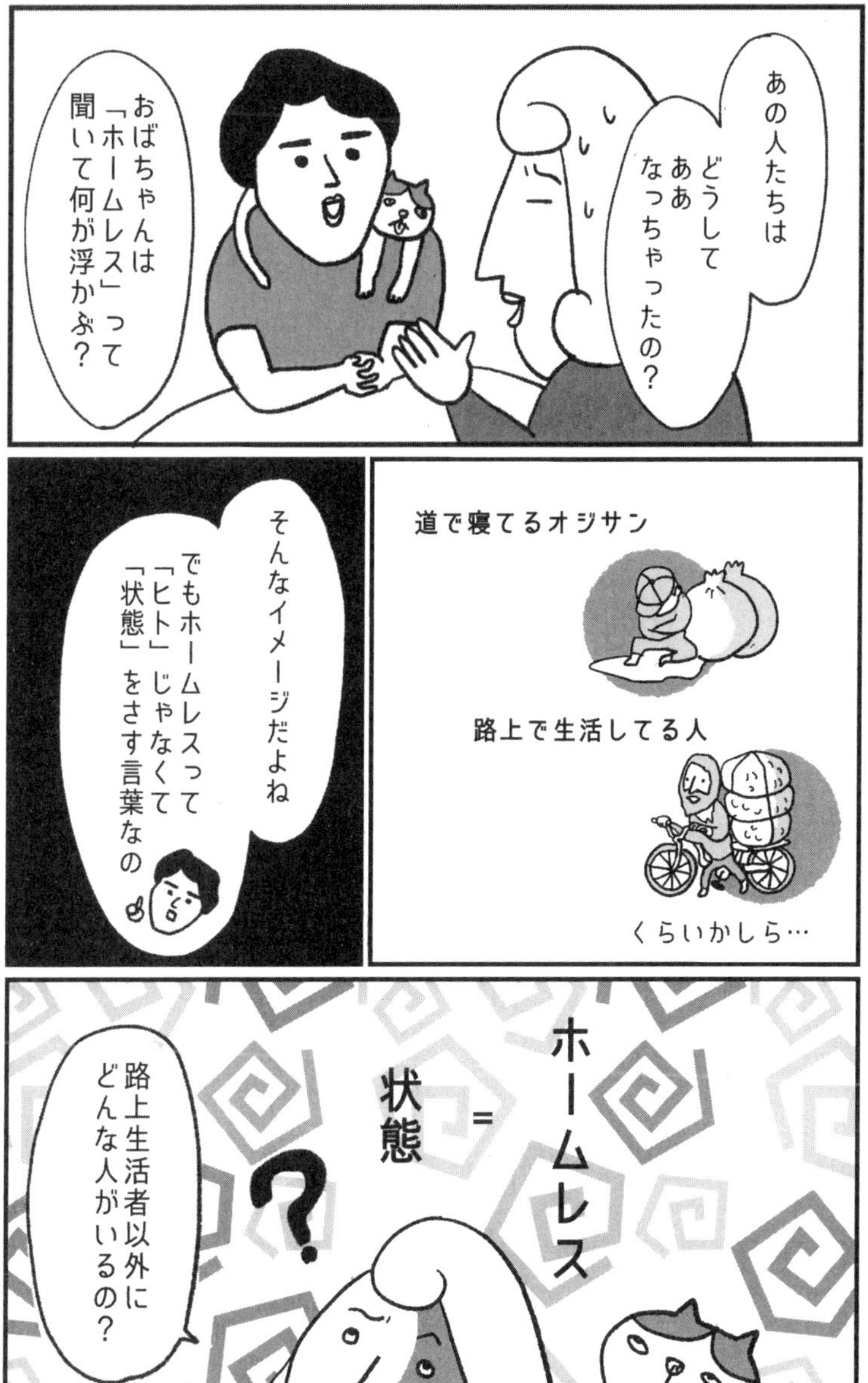
あの人たちは どうして ああ なっちゃったの？
おばちゃんは「ホームレス」って聞いて何が浮かぶ？
道で寝てるオジサン
路上で生活してる人
くらいかしら…
そんなイメージだよね
でもホームレスって「ヒト」じゃなくて「状態」をさす言葉なの
ホームレス＝状態
路上生活者以外にどんな人がいるの？

路上生活者だけじゃない「ホームレス」

おば　「ホームレス＝道で寝てる人」じゃないの？

安部　日本は野宿生活、屋外生活、いわゆる路上生活をする人々を「ホームレス」と定義してる。ただ、それだと実態を表しきれてはいなくて。たとえばイギリスの定義で「ホームレス」は、いろんな理由が重なって貧困状態に陥って、「家を失ってる状態」のことなんだよね。

おば　家を失っている「状態」？

安部　路上生活者は、**ホームレスの「一部の形態」**であって、もっとも極まった状態とも言える。ただ、その形態は貧困の度合いや世代によっても違うし、もっと多様に存在してるんだよね。実際に今、若い世代のホームレスは路上にいないんだよ。

おば　**路上にいないホームレス……**いまいちピンと来ない。でもたしかに、路上で見かけるのはおじさんばっかだわ。

安部　おじさんばっかりっていうのは実際そうで、路上には若い人たちもいなければ、女性もほとんどいない。東京都の路上生活者の95パーセントくらいは男性で、平均年齢も60歳を超えているという調査結果[1]もあるんだよ。

おば　たしかにそんなイメージかも。でも、なんで⁉

安部　ホームレスの若い人たちは、スマホで日雇いの仕事を見つけて、ネットカフェで生活しているケースが多い。都内だけで一晩に4千人[2]いるって言われてる。

おば　ネカフェで寝てても「ホームレス」なんだ。

安部　ホームレスの典型は、路上生活者。でも、ネットカフェで寝泊まりするいわゆる「ネカフェ難民」、カプセルホテルとか友人の家を転々としている人も含まれる。大阪の西成《にしなり》とか東京の山谷《さんや》とか、「ドヤ街[3]」と呼ばれる街の簡易宿泊所で暮らす「日雇い労働者」も本来の意味のホームレスに含まれるんだよね。

おば　ホームレスって、路上にいて仕事もしてない人たちかと思ってた。

安部　それから女性は、路上生活にまで至るケースが少ないんだよね。路上生活では男性以上に襲われるリスクも高いし。男性だと職を失うと、離婚したり実家を追い出されたりすることがあるけど、女性は家事手伝いとして親元にいやすいとも言われていて。

1　東京都福祉保健局（2022）"ホームレスの実態に関する全国調査（東京23区の生活実態調査結果）"

2　厚生労働省（2024）"ホームレスの実態に関する全国調査（概数調査）結果について"

3　高度経済成長期の日本において、日雇い労働者が多く集まる簡易宿所が多く立ち並ぶ地域。「宿（ヤド）」逆さにした言葉で「ドヤ」と呼ばれるようになったと言われている。

おば　そんなところに男女の差が……。

安部　ただその背後には、女性はホームレスになりづらいぶん、「ＤＶを受けていても家庭から離れられない」みたいな、別の問題があるんだけどさ。「安心して過ごせる個人的な場所がない」という点では、ホームレス予備軍ではあるよね。

おば　つらいわ。目に見えなかったり、予備軍だったり。若者も女性も、路上にはいなくてもしんどい状態にある人たちはいるってことか。イメージしていたホームレスとは違うけど。

安部　ホームレスが「極まった」状態が路上生活で、誰もが路上生活者になるわけじゃないよ。そしてホームレスに至ったとしても、そこから抜け出せる人もいれば、抜け出せない人もいる。

住まい、家族、仕事、学歴、健康、自尊心……「資産」の差はデカい

路上生活者になっちゃうのはなんでなの？　抜け出せる人と抜け出せない人の違いは何？

安部　ホームレスになるか・ならないか、一度なっても抜け出せるか・抜け出せないかは、広い意味での**「資産があるか・ないか」**が大きいよね。

おば　「資産」って？　お金があればそもそもホームレスにならないんじゃない？

安部　いや、「資産」はお金だけじゃないの。住居もそうだし、家族や友だちといった人間関係、学歴、仕事、健康、自尊心とかも、立派な「資産」[4]。**「資産」を失っていくことがホームレスへの道のり**なんだよね。「失っていく」って言ったけど、「最初からない」人もいる。

おば　最初から「資産」がない？

4　以降、本書で「資産」と書くときには本文の通り、金銭や家だけではなく、人間関係や仕事、健康な心身、学歴や職歴など本人が頼ることのできるあらゆる形態の持ちものをさす。

安部　たとえば親がいなくて「家族」という資産がない。持病があって「健康」という資産がない。現場や実態調査では、ホームレスになる人には知的障害や、発達障害[5]を含め精神障害の人が多いとも言われていて。

おば　発達障害？　なんで？

安部　身体障害は目に見えたり、わかりやすかったりするから、家族や社会が保護するケースも多い。けど、精神障害、中でも発達障害はぱっと見わかりづらいし、昔は理解も進んでいなかった。だから「個人の責任」として社会から、それに家族からも弾《はじ》かれてしまいがちなのよ。

おば　家族からもかあ。でも、私も発達障害という言葉を知ったの、大人になってからだわ。知らなかったら「なんでそんなこともできないの！」って思うのかも。

安部　仕事が続かなくてあきれられたりね。ホームレスって、中卒、高卒と「学歴」がない人も多いんだけど、その中には児童養護施設出身者も多くて。若年ホームレスの約10パーセントが、児童養護施設で育ったというデータも出てきてる。[6]

おば　いやあ、厳しい。

安部　そもそも親がいないと家を借りるのも、自分で家賃を払うのも難しいから、

5　村田らむ『ホームレス消滅』（幻冬舎新書）やイギリスの論文(Churchard et al., (2019)・The prevalence of autistic traits in a homeless population Autism, 23(3), 665-676 ・Kargas et al (2019) Prevalence of clinical autistic traits within a homeless population: barriers to accessing homeless services Journal of Social Distress and the Homeless, 28(2), 90-95)など、いくつかの調査がある。

6　認定ＮＰＯ法人Homedoorによると、彼らが提供する若年層向けシェルターへの宿泊者のうち、児童養護施設・里親家庭出身者が10人に1人、虐待サバイバーが4人に1人という状況だ（n＝200）。

高校を卒業したらすぐ施設を出て、住み込みで働くケースが多いんだよ。だけど、会社が倒産したとか、ブラック企業で心身の調子を崩したとか、人間関係がうまくいかないとか、1回つまずくと仕事も住む場所も一気に失っちゃうわけです。

おば 家もあって仕事もあって、住み込みの職場いいじゃん！ って思ってたけど、そんな落とし穴が……。

安部 旅館の住み込み、寮とか社宅とか、日本の企業って「住居と職場の一体型」がけっこうある。だけど、仕事を失うと同時に家を失っちゃうんで、ホームレスになりやすい構図ではあるんだよね。職場と住居が同じだと、人間関係もひもづいてくるし。

おば 「資産」を一気に失っちゃうわけだ。てか、その前に仕事も住まいも同じような環境って息苦しいだろうな。いやなヤツとかいたらストレスたまるじゃん。

安部 そうなのよ。住居と職場の一体型ではなくても、けっこう「資産」って連動してて、アリ地獄《じごく》みたいに、一歩足をとられると抜け出せない構造がある。

おば アリ地獄?!

安部 「資産を失っていく」ケースで言えば、病気や怪我をして健康という資産を失うことで働けなくなったとか。事業に失敗して借金を抱え、職も失い、離婚することになったとか。家族が亡くなって精神的に病んで仕事もままならなくなってしまうとか。

おば　ひ、悲惨。

安部　健康、家族、仕事、何か一つの資産を失ったことがトリガーとなって、ほかの資産も失ってしまうことになる。

おば　もし今私が病気になって働けなくなったら……実家とか家族に頼るかな。

安部　だよね。つまりおばちゃんには家族という資産があるわけです。でも、それがない人たちもいるんですよ。

おば　いざというときに実家を頼れないって、考えただけで不安だわ。

安部　最初から「資産」がないケースで言えば、親がいなくて施設に入ることもあるけど、親が働かない、虐待をする、中卒から働かせて搾取《さくしゅ》するみたいなパターンもある。親にお金がないから大学に行けず学歴もなく、仕事も非正規雇用などで安定しない。住まいも仕事も転々として、人間関係が希薄になり、結婚をして自分の家族を築くこともハードルが高いし、帰れる場所もない。

おば　き、厳しすぎる。もはや運としか言いようがない、生まれる家、家族っていう資産の影響、大きすぎない？

安部　デカいデカい。けっきょく日本は子育てを家族に任せる**家族主義**が色濃く残ってるから、家族という資産があるかないかは雲泥《うんでい》の差がある。

おば　私でさえ、大きい家に住んでる子とか海外よく行ってる子とか、実家が太い子うらやましい！　って何度も思ったわ。もっとお金持ちの家に生まれたかったーって。けどそんなレベルの話じゃないね。

安部　努力しなかったからだとか、自己責任だって言うけど、**そもそものスタートラインが全然違うんだよね。**

おば　生まれる家は選べないもんね。世の中全然平等じゃないじゃん！

もっとがんばれなかったの？

「働かない人」ではなく「働きたくても働けない人」

おば　とはいえさ、家族のスタートラインがすべてなの？　ある程度その後の本人の意志とか努力だって関係するでしょ？　路上のホームレスのおっちゃんたちってよくお酒飲んで寝てるけど、なんで働かないの？　バイトでもなんでも働こうと思えば働く場所はあると思うし、昼から酒飲む前にもっとやることあるでしょう？　って思うんだけど……。

安部　まあそう思うよね。ただホームレスの人には働きにくい理由がいくつかあって。まず家＝住所や住民票がないと、アルバイトであっても安定した仕事にはつけない。履歴書が埋まらないんで、書類応募の時点でハードルがあるしね。

おば　今どき、アルバイトなら履歴書なくてもネットでも応募できるんじゃないの？

安部　まさに。今は住所がなくても、電話番号、スマホがあれば仕事にありつけるケースも多い。だからネカフェで生活する若い人たちは、食費を削ってでもスマホだけは死守してる。日雇いでも仕事を見つけるために。

おば 若い人たちはなんとなくイメージできるけど、路上で見かけるようなおっちゃんたちがスマホを使いこなして、仕事を得るって想像しがたいな。

安部 時代によって、ホームレスのあり方もずいぶん変わってきてるんだよね。昔はドヤ街で日雇い労働者として、建設作業員とか肉体労働に出るのが、働くホームレスの王道コースだったのよ。家を失っても働く意欲のある人は、体力をつけなきゃと筋トレしてたわけ。

おば 仕事を得るために筋トレ！

安部 でも過去30年くらいで産業構造が変わって機械化も進み、そもそも肉体労働が減った。代わりに主要産業になったのが**サービス業**。だからコミュニケーション能力が求められるようになった。でも、そもそもそういう仕事って、家族や友人という資産を失って、対人関係につまずいてきた人たちには難しいじゃない？

おば 就活の面接でも、やたら求められるよねえ、コミュニケーション能力。

安部 毎年企業が就活生に求めるもののランキング上位に必ず入ってくるからね、

コミュ力は。日本で収入が高いコンサル業も、数少ない成長産業である観光業もけっきょくは「サービス業」であって、高いコミュニケーション能力が求められるわけだから。人間関係を築くのだって、コミュ力は必要だしね。

なんか、人間関係含め、コミュ力ないと人生詰まない?!

安部　現代においては生きづらいですよね。しかも、コミュニケーションが苦手だからって、人とまったく話さずに生きていくと弊害もある。路上生活は人との関わりが減るから、IQが下がるっていう研究[7]もあるんだよね。

おば　IQって変わるものなの?

7　少し古いイギリスの調査だが、すべての診断グループ(n=62)で「ホームレス状態」の期間と相関する大幅なIQの低下が見られた(Bremner et al.;(1996). Cognitive function and duration of rooflessness in entrants to a hostel for homeless men. Br J Psychiatry, 169(4), 434-9.)。

安部　路上生活の環境って、屋根もベッドもないし、安心して眠れないじゃない？しかもいつ誰に襲《おそ》われるかもわからない。寝てたら布団に火をつけられることもある。

おば　勝手に「自分が襲われたら怖い」って思ってたけど、ホームレスのおっちゃんたちが襲われてるのか。

安部　うん。一時期ずいぶん問題になったよ。結局ストレスが半端ないんだよね。常に見知らぬ他人の目にさらされているし、食事もままならず十分な栄養もとれない。糖尿病とか高血圧とか身体の不調も出てくる。心身が休まる場所がなく、常に緊張状態にあるわけよ。それらが重なって精神疾患を発症してＩＱが下がると言われていて、そうなるともっと働きづらくなる。

おば　日中ずっと寝てるように見えるのは、夜ぐっすり眠れてないってこと？

安部　そう。酒を飲むのも、そういうストレスからの現実逃避なんすよ。

おば　お酒を飲むのも、現実逃避……。

おばちゃんもストレス発散することあるでしょう？

おば　ええ、ありますとも。ぱあーっと飲んで記憶を飛ばしたくなることが！

安部　誰でも人生にアップダウンはあって、大きなプレッシャーを感じたり、どん底だと思ったりしたことがあるでしょ？　**ホームレスの人はずっとその底辺の状態にいる感じ。**お先真っ暗で、抜け出し方も、明日の自分がどうなるかもわからない。そりゃあ、心がこわれちゃうし、IQも下がるし、お酒に依存もしちゃうよね。

おば　なんでもっと後先《あとさき》考えないんだろう？　って疑問だったけど……。

安部　目の前の現実が厳しいと、1年後とか数年後とか未来のことは考えられなくなるじゃない？

おば　自暴自棄《じぼうじき》になって、先のことなんてどうでもよくなるね。眠たいときやお腹すいたとき、体調が悪いときもほかのことは考えられない。

安部　でしょ？　**住所もない、スマホもない。頼れる家族も友だちもいない、未来が見えない。空腹で寝不足。**そんな状態でいきなり働けって言っても無理なんすよ。

おば　それは無理だわ。体調不良の日に働けないもの。

安部　働く前に、満たしていかなきゃいけないことがある。ホームレスの実態は**「働かない人」ではなく「働きたいけど働けない人」**なんだよ。

自己責任論が生まれるのはなぜ？

でも、路上生活になる「手前」でどうにかできなかったの？ もっとがんばれなかったの？ とも思っちゃう。

おば　ホームレスの実態はわかってきたんだけど、それでもやっぱり自分はホームレスになると思えないし、心理的な距離は縮まらないんだよなあ。

安部　家族をはじめ「資産」がある人は簡単にホームレスになることはないよ。イメージがわくように、じゃあ……戦争の例で話しましょっか。

おば　戦争？　物騒《ぶっそう》だな。

安部　たとえなんで。考えてみてよ。戦地の最前線で戦う兵士と、戦地から離れた後方支援部隊にいる兵士とでは、明らかに戦死する確率は違うじゃない？

おば　そりゃあそうでしょうよ。銃弾が飛び交《か》っている場所と、そうじゃない場所では命の危険度が違いすぎるわよ。

安部　後方支援部隊でかつ、物資の補給・輸送・管理システムである兵站《へいたん》にも恵まれていて支援もしっかり受けている兵士が、**最前線で命からがら戦っている兵士に「努力が足りない」って言うのは違うでしょ？**

おば　それはずいぶんお門《かど》違いな発言ね。

安部　ホームレスは、いわばこの最前線の兵士なんですよ。確率論だからもちろん運が味方してがんばれる人もいるっちゃいる。でも生まれたときからいきなり最前線の厳しい環境に置かれちゃったようなもの。

おば　たしかにさっき聞いたような家庭環境は、戦地で言えば命の危険性が一番高い最前線よね。

安部　ホームレスって、なまけている人ではなく、**厳しい状況に置かれた人**なんだよね。

おば　なるほどねえ。

安部　ここまで話してきた「資産」っていうのは、戦場で言えば兵站で、武器や装備なわけ。それさえあれば、生き残れる確率がぐっと上がる。戦いでは最前線にいる兵士に敬意を持って援助物資を送るじゃない？　でも現実には、最前線にいる人に武器や装備を送ることなく、突き放している。

おば　それは戦えないどころか、生きていけない。

安部　そうなのよ。ただ、ぱっと見た感じ「資産」の有無なんてわからないんで、「なんであいつはがんばれないんだ?」って思われちゃう。**そもそもの前提条件が違うのに。**

おば　これっていわゆる**自己責任論**ってやつでしょう?　この風潮があるのって日本だけなの?

安部　日本だけってことはないけど、国の宗教性の影響は強いでしょうね。たとえばクリスチャンだと、社会をよくするために困っている人に手を差し伸べることが当たり前に根づいているとか。

おば　マザー・テレサとかもそうよね。

安部　宗教じゃないけど、階級社会が強かったフランスの「ノブレス・オブリージュ」とかもそうだよね。貴族とか高い地位にいる人は、社会をよくしていく責任がある。だから社会課題を個人の責任ととらえず、寄付をしたり活動をしたりする人がいる。

おば　クリスチャンでもなければ、貴族でもない私たち……。

安部　まあでも、**日本で自己責任論の風潮が高まったのはやっぱり過去30年、経済が成長してないからだとおれは思うけどね。**かつて日本は高度経済成長期にがんばったぶんだけちゃんと成長した。「一億総中流」と言われて、みんながある程度豊かな時代もあったわけ。

おば　そんな流行語があったわねえ。懐かしい。

安部　でも今は経済が停滞してる。経済的にも心理的にも、自分が手にしたものを失うのはいやだし、自分に余裕がないのに人に奉仕《ほうし》することなんてできないじゃない？

おば　みんな自分のことでいっぱいいっぱい。

安部　自分ががんばったから今の豊かさを手にしていると思っているから、ホームレスとか「働いていない＝がんばっていない」ように映る人たちへの視線は厳しくなるよね。

おば　こちとら汗水垂らして一生懸命働いて税金納めてるのに、自分に還元されている感じがしない世知辛《せちがら》さもあるわけで……。

安部　国全体に、総じて余裕がないんだよね。個人も余裕がないから、休むのが怖くて、休んでいる人を見るとイラっとする。そんな感じしない？

おば　思い当たるふし、あるねえ。

安部　ホームレスのおっちゃんが酒飲んで寝てても、別に問題ないじゃん？

おば　そうなんだけど……。

安部　やっぱり自分が働いている日中にぐうたらしてると「なんで働かないの？」って嫌悪感がわくわけでしょ？　がんばれない理由や休む必要があるんだけど、背景までなかなか焦点は当てられないよね。スナップショットでその瞬間だけを切り取っちゃうから。

おば　路上で寝てる、その姿しか見てないもんね。こっちも働きっぱなしで余裕がないのよ〜〜!!

自分も余裕がないし、どうしてあげることもできない。
だったら無関心でいるほうが楽なんだよね。

解決策は「住まいを与える」って、ハードル高くない？

安心して過ごせる一人の空間「ハウジングファースト」

おば　でもさ、関心を持ったからといって、私がホームレスのおっちゃんに食料とかお金をあげるのは違うでしょ？

安部　悪いとは言わないけど、1回だけそれをやっても根本的な解決にはならないんだよね。それに、かわいそうだから恵んであげるみたいな態度だと、相手の自尊心を傷つけることだってある。一時的なほどこしは相手のためではなく、自分が快感を得るためのものかもしれないよね。

おば　「いいことしてる」ふうの自分に酔《よ》っちゃうこと、あるよね〜。そもそもホームレスが、個人の問題ではなく社会の問題だとしたら、何が課題なの？

安部　ホームレスは主に貧困と結びついてるわけだけど、その背景にある課題は時代によっても違って。もともとは1990年代のバブル崩壊後に社会問題として取り上げられるようになったのね。そこから２００８年、リーマン・ショックをきっかけとする世界不況が起こったときに、派遣労働者の解雇や雇い止めがあって、多くの人がホームレス化した。[8]

おば　景気が悪くなると、仕事を失う人が増えて、ホームレスが増えるんだ？

安部　当時は社会の景気が雇用の問題に密接にひもづいていたわけだけど、ここ最近はある程度景気も回復して、求人倍率も改善しているから、働ける人はホームレスを脱していった。一方で、年齢や障害などの事情で働けない人たちが取り残されている傾向があるんだよね。つまり、**福祉の問題**とひもづくようになってきた。

おば　精神障害や発達障害があって、働きたくても働けない人たちをどうするかって話？　現代のホームレスの問題を解決していく手立てはあるの？

安部　解決策はわりと明確かつシンプル！**「ハウジングファースト」**っていう手法があるのよ。１９９０年代にホームレス支援としてアメリカで始まってヨーロッパに広がったんだけど。**「住まいは基本的人権である」**っていう考え方をもとに、ホームレスに最初にプライバシーを保護できる住まいを提供すること。家がないホームレスに対して、住まいという「資産」の回復から始めるわけ。

8　２００８年９月のリーマン・ショックは若者ホームレスの登場を決定的なものにした。その後の１年間で非正規労働者の雇い止めは24万人に。そのうち２〜３パーセントが住居も失ったと言われている（特定非営利活動法人ビッグイシュー基金（２０１０）.〝若者ホームレス白書〞）。

おば　重要なのは、住まい！　でも、住まいを与えるってけっこうハードルが高くない？　ホームレスって都会にしかいないイメージだしさ。

あ、地方の空き家は?!　都会よりは家賃も生活費も安いし、暮らしやすそうなイメージ。

安部　そうなんだけど、田舎は田舎で地域のコミュニティが色濃くて、人を受け入れる幅がせまいんで、そこに自分を合わせていかなきゃいけなかったりするのよ。コミュ力が高い人はその幅をこじ開けていけるんだけど、人間関係に苦しんできた人たちにとっては、匿名性の高い都会のほうがいやすいんだよね。

おば　なるほど。そうするとやっぱり、都会なら都会で、その人が暮らす地域で家を与えるってことが最善策になる？

安部　そうだね。ちなみにホームレス問題が顕在化して20年以上が経つわけだけど、都会でも路上生活者の数は年々減ってる。[9]

おば　そうなの？　たしかに、昔と比べて見かける機会は少なくなったような……。

安部　実際に2007年と比べて、8割以上減ってるんだよ。[10]　2024年に日本

9　厚生労働省．（2024）．“ホームレスの実態に関する全国調査（概数調査）結果について〟（脚注2と同）。

10　2007年の同調査では、1万8千564人だった（脚注2と同）。

でカウントされたのは2千820人。[11]「ホームレス」って典型的な「社会課題」として思い浮かべるかもしれないけど、だいぶ状態は改善されてきてる。

おば　なーんだ！　じゃあ、このままだんだん減っていきそうだね。

安部　ホームレス支援をする非営利団体が路上生活者に炊き出しをしたり物品を支給したり、凍死や飢えで亡くなるケースを防ぎ、生活保護申請をサポートしていった。そうした活動の成果が功を奏したからだね。支援をすれば路上生活やホームレスから抜け出せるってことも示されたんだよ。

おば　すばらしいね！

安部　それでも抜け出せずに取り残されてしまった人もいる。その人たちにとっては、仕事よりも何よりもまずは**「安心して過ごせる個人的な場所が、中長期的に確保されていること」**が重要なのよ。ただ家を与えればいいってわけじゃない。

おば　どういうこと？

安部　日本でも生活保護の一環として自治体が住まいを与えるケースもあるんですよ。ただ場合によっては劣悪な環境だったこともあった。2段ベッドが10個も20個も置いてある虫がわくような衛生状態の宿舎で、集団生活を強いられていたこともある。

11　脚注2と同。

おば　ちょっとそれはいくらなんでもひどいわね。

安部　食事は朝晩の2回、門限が20時とかって話も聞いた。個人的な空間がないから、プライバシーが確保されないし、監視されているかのようだし、「これなら路上のほうがマシだ」って出ていっちゃう人もけっこういたんだよね。

おば　人権が尊重されてない感じ。なんでいい大人に「門限」が必要なのよ?

安部　行政は何かあったときの責任を取りたくないから、ある程度ルールを設《もう》けるわけ。「ルールを破った」とかを言いぶんにして追い出せるようにしておきたい、という側面もある。

おば　そんな、無責任な……。

安部　そういう場所を管理する行政職員たちも、ローテーションで専門性がない場合も多いしね。つまり、生活保護を受けるホームレスを支援する予算も人材もかぎられている。生活保護は憲法で保障されている権利で、しっかり受けるべきなんだよ。にもかかわらず、一部の自治体では、偏見から生活保護の申請を拒否したり、支給を渋ったりする職員がいる場合もある。[12]

おば　ひどい!　なかなか状況は厳しいな。どこから手をつければいいわけ?

12　北九州市、小田原市、桐生市などでは、実際に職員が生活保護申請させないなど、不適切な対応が問題となった。

安部　まずは、せまくてもいいから一人でいられる個人的な部屋を用意すること。そのうえで、コミュニケーションできる環境が設計できるといいんだと思う。コロナ禍とか仮設住宅とかでもそうだけど、人ってまったく他人と関わらないと、心が鬱々《うつうつ》としてくるので。

おば　私なんて、1日人としゃべらなかっただけで鬱々としてくるわよ！

安部　だから、個別の部屋に行く前に共有スペースがあって、「今月どう？」なんてつかず離れずの距離でなんとなく気にかけてくれるゆるやかな人間関係があるといいよね。家族や友だちじゃなくても、ある程度の人間関係は誰もが必要だから。

おば　毎日ちょっとあいさつできるだけでも違うだろうねえ。

安部　生きづらさを感じている人たちが、なかなか自分から関わりをつくっていくのは難しいから、住まいの設計でサポートしていく。そういう場所で**「住まい」そして「人間関係」の資産を取り戻すことが、ホームレスを脱していくスタートラインになるんだよ。**

「ホームレス予備軍」解決の糸口は？

おば　なんかさ、ホームレスって、路上で生活するおっちゃんをイメージしてたんだけど、あくまで「状態」であって、その背景にはいろんな課題があるんだね。

安部　まったくその通りで、ホームレスの背景にある問題も、時代によって変わってる。路上生活者や死が目前にあるような環境で生きる人たちは減ったんだけど、路上生活者の予備軍とも言える、相対的貧困率は15～16パーセントでずっと横ばい。[13] ネットカフェで寝泊まりして住居がない人たちの3割は30代だという調査結果もある。[14]

おば　まあ！　年代的には働きざかりなのに！

安部　年齢以外の理由で働けない理由がある。しかも彼らは**路上生活者みたいに目に見えないぶん、非営利団体や行政の支援にも結びつきにくい。**

おば　ネットカフェの個室にいたら、わかんないもんね。

安部　そういう人たちが手っ取り早くできる仕事として「闇《やみ》バイト」につながってる。詐欺《さぎ》とか犯罪行為に加担しちゃうケースも多くて。昔はヤクザとかに流れてた

13　厚生労働省が公表した「国民生活基礎調査」（2022年）で、等価可処分所得が中央値の半分に満たない世帯員の割合を示す「相対的貧困率」は15．4パーセント。2021年の世帯所得の平均は545万7000円で、この10年間はおおむね横ばいで推移している。

14　東京都福祉保健局（2018）、“住居喪失不安定就労者等の実態に関する調査報告書”。

けど、今はインターネットでもわりと簡単に犯罪行為に結びついちゃうんだよね。

おば　詐欺事件、増えてるもんね。そう考えると、個人の貧困が社会にとっての不利益になる可能性もあるわけだ。

安部　もちろん直結するわけではないんだけど、社会全体としても、生活保護受給者や犯罪行為に手を染めてしまう人よりも、**働いて納税してくれる人を増やしたほうがいい**のは明確だよね。

おば　いやあ、今回ホームレスの背景をひも解いていったことで、よくわかった。「自分の努力や意思でここまで来た」と思ってたけど、そうじゃないって。がんばることが当たり前って考えてたふしがあったな。**がんばりたくてもがんばれない人のこと、なまけ者って思ってた。**大人になって、少しは自己責任論から抜け出せてたつもりでいたけど、それでもやっぱりね。

安部　それすらも、個人の問題っていうか社会の構造の話なんだけどね。**いつだって大人は若者に「夢を持て、君には可能性がある」って、自分が責任を取れない未来の話だけをしてきた。**でも、その受け皿になる新たな産業をこの30年つくってこなかったじゃん。どんな働き場所があるのか、どんな社会になるのか、経済や社会の前提がないままに教育をしてるから、学びが社会で活かされることがほとんどない。

おば　たしかに、やたら子どもに将来の夢を聞くもんね。若いとき、夢がないとだめって雰囲気があった。

安部　がんばること、未来に希望を持つことを強いられる一方で、出る杭《くい》は打たれる。産業をつくるリーダーが生まれる前につぶされちゃうんだよね。停滞する経済状況を変えるために、産業も含めた社会のグランドデザインを描いていかないと、ホームレスをはじめ貧困の問題も改善していかないんだよ。

おば　グランドデザイン……。あまりに話が大きくて頭がついていかないけど。一つ社会課題を知ると、ほかの課題もつながっていることがよくわかる。思い込みや偏見がはがれていく感じがするわ。

第4章のまとめ

- ☑ 「ホームレス」のうち、路上生活者は一部の最も極端な形態。ネットカフェや友人の家を転々とする若者や引きこもりの女性など、外からは見えづらい生き方となっていることもある。

- ☑ 自己責任論が根強い領域だが、「働けない」のは単なる努力不足とは言えない。ホームレスの原因は、家族、仕事、学歴、健康、自尊心などの「資産」を失うこと。もともと「資産」がないと、突然の困難で一気にホームレスになる可能性が高い。

- ☑ 現代社会ではコミュニケーション能力が求められ、発達障害や精神的なストレスなどにより社会生活が難しくなる場合も少なくない。

- ☑ 「ハウジングファースト」は、ホームレスに住まいを提供し、その後に支援を行うことで根本的な解決を目指す手法。個別のプライバシーと安心できる住まいが重要だ。

テーマからの広がり

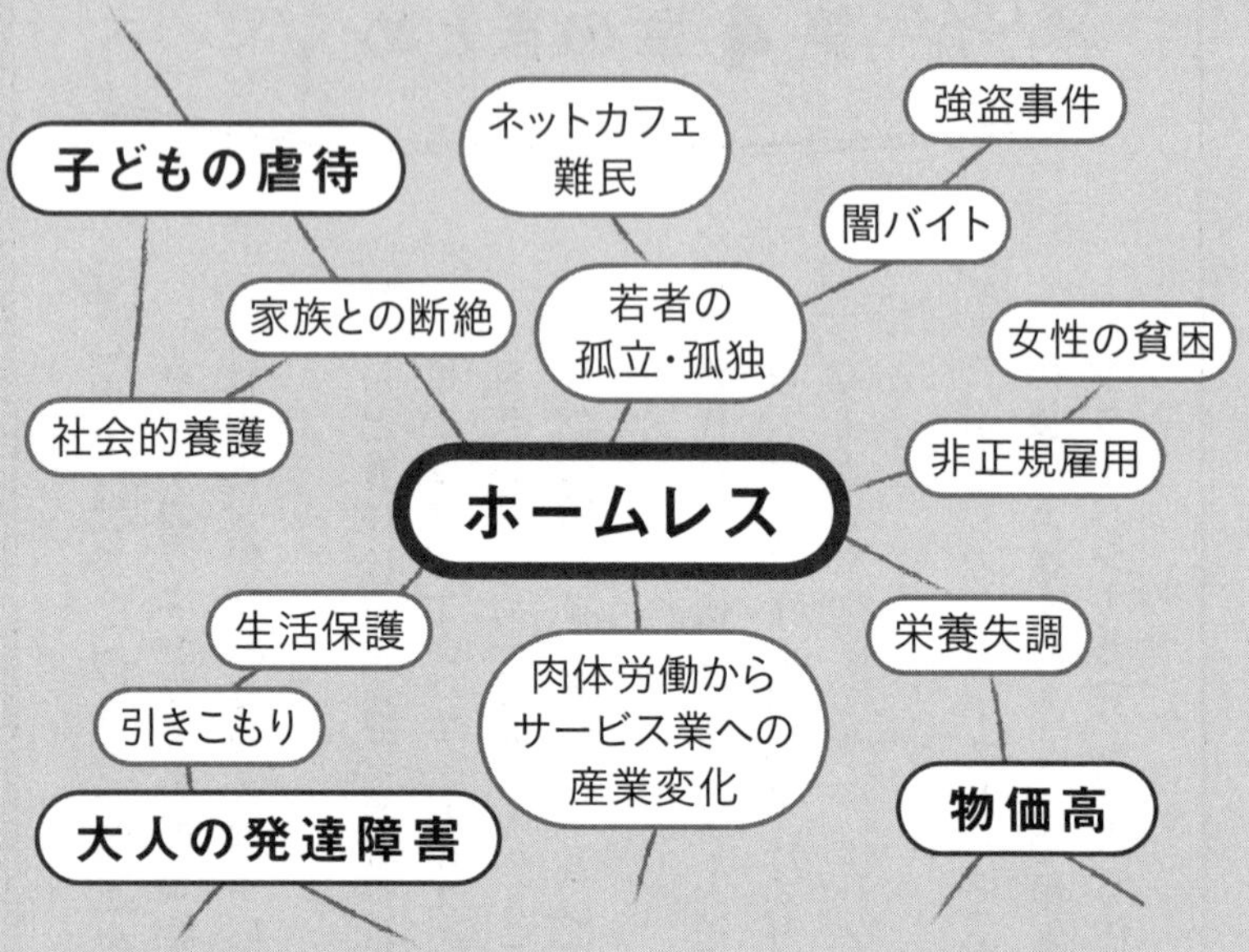

→ 若者の孤立

家の初期費用を払えるだけの貯蓄がない。緊急連絡先になる人がいない。保証会社の審査に通りづらい——。深刻な孤独・孤立状態にある若者は、住居の契約時に多くの壁にぶつかることがある。民間の賃貸住宅契約の高いハードルや、かぎられた住まいの選択肢。若者が「家に住む」際に直面する困難を取り上げた。

記事はこちら
（執筆：リディラバ）

第5章

選択的夫婦別姓

恋愛・セックス・子育て・介護……「ぜんぶ込み」の結婚、しんどくない？

選択的夫婦別姓はどうして進まないの？

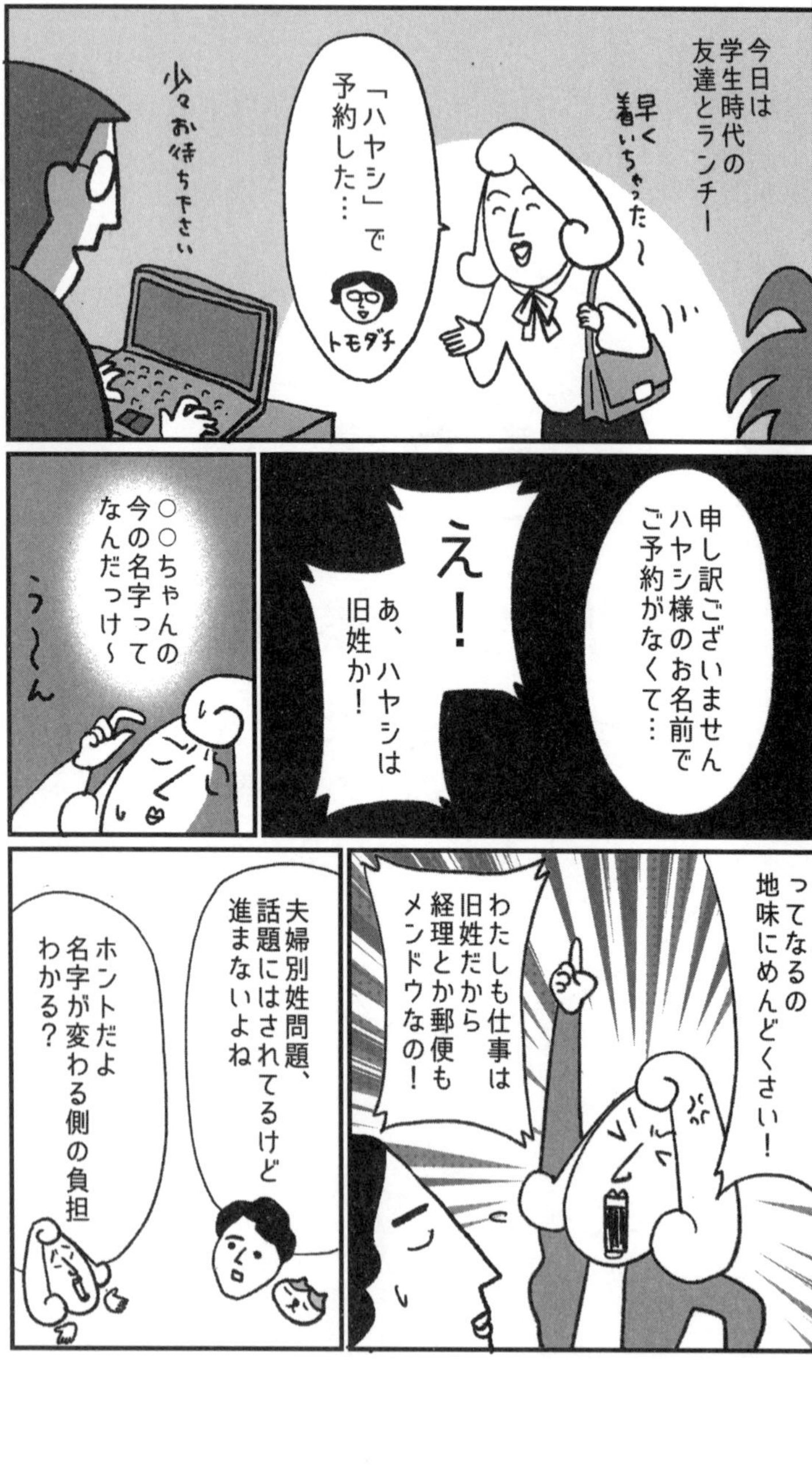

夫婦別姓って いったって 「選択的」なのに 誰が損するんだよ! って思っちゃう
夫婦別姓って 「家族像へのノスタルジー」 から反対されやすいんだ
どういう こと?
家単位で子育て、 相続をしていく
「家族」の概念を こわしたくないっていう
「家族」がこわれる?
話が 飛躍しすぎ じゃない?

「通称使用の拡大」で解決できる？

おば　選択的夫婦別姓、なんで進まないのか、全然わかんない。

安部　選択的夫婦別姓って実は、30年前から「やったほうがいい」という話にはなってるけど、一部の人が反対していて進んでないんだよ。[1] 国会には、賛成派と反対派、その中にもさまざまな意見があって、そもそも論点もずれているから、議論が平行線のまま。

おば　30年も？　何がどう、ずれてるのよ？

安部　賛成派は、具体的な各論で選択的夫婦別姓を進めるべきだと思っている。名字を変える側が不利益を被っている現実があるからね。

おば　そうそう、あくまで「選択的」なんだから、それでいいじゃない。

安部　一方で反対派は、もう少し抽象的。選択的夫婦別姓を皮切りに、戸籍による「家族のあり方」とか、「皇室のあり方」「社会のあり方」までもが変わってしまうんじゃないかと、改正には慎重になるべきだと思っている。

1　法務省では、平成3年（1991年）から法制審議会民法部会にて、婚姻制度等の見直し審議を行い、平成8年（1996年）2月に「民法の一部を改正する法律案要綱」を答申した。ここでは、選択的夫婦別氏制度の導入が提言されている。しかし、さまざまな意見があることから、国会提出にはならなかった。

おば　なにそれ、話が広がりすぎる。

安部　狭義で「夫婦別姓」の議論はし尽くしたと考える賛成派と、「夫婦別姓」の影響の範囲を広くとらえてまだ議論が十分にされていないと考える反対派。それぞれの立場の目線のずれが、選択的夫婦別姓が進まない大きな理由なんだよね。

おば　こっちは日常生活で、お店の予約とか仕事上のストレスは日常茶飯事なのよ。私、新婚のころパスポートの更新してないまま航空券を予約して、夫と別の飛行機へ取り直さなくちゃいけなかったことがあって、今でも覚えてる。なんで、こっちだけ手続きしないといけないわけ!?

安部　反対派の中には手続きの煩雑《はんざつ》さが課題なのであれば、「通称使用の拡大」で解決できるという意見もある。ただ、おれは現実的とは思えていないんだけどね。

おば　通称って？

安部　主に「旧姓」のことだね。現状、住民票やマイナンバーカードなどの証明書で旧姓併記ができるようになっていて。ただ、銀行や職場、税金関連の手続きでも、実際対応していないところも多い。企業も対応するインセンティブがないしね。

おば　そうなんだ……。それに対応してもらえたとしても、けっきょく名字が二つあることには変わりないから余計に混乱しそうな気もする……。

安部　手続きのわずらわしさは、マイナンバーカードのデータ管理が進んで一括《いっかつ》で変更できたら解決できるって見方もある。

おば　それはいいね！　マイナンバーカード、どうせならそこまでやってほしいよ。

安部　とはいえこちらも実現するかは見えてないけど。それにもし通称使用が拡大しても、カバーできない部分もある。グローバルに運用されている研究論文のデータベースや、戸籍上の氏名が前提となっている不動産登記など、どこまでいっても変わらないものもあるよ。キャリアや資産に関することなので、個人の経済的損失にもつながってしまう。

夫婦同姓は「日本の伝統」ではない

おば　あとさ、私の**アイデンティティ**はどうなるのって話よ。30年くらいイトウとして生きてきたのに、結婚したからって名字が変わるのは違和感しかないのよ。

安部　まあそうだよね。姓を選べないことで、どちらかが不利益を被るってのは人権侵害にもなりかねないわけで。[2] パートナーシップの一つの選択肢として、選択的夫婦別姓は進めるべきだとおれも思ってる。

じゃあさ、選択的夫婦別姓に反対している人たちの「家族像へのノスタルジー」っていうのはなんなのよ？

安部　あくまでおれは、選択的夫婦別姓に賛成であることを前提に聞いてほしいんだけど。国は、選択的夫婦別姓を導入しても「戸籍の機能は変わらない」としている。でも反対派は、導入されればいずれドミノ式に、戸籍の解体があって、子育ての責任や相続のしくみ、日本の伝統的な家族のあり方や社会のあり方が変わるんじゃないか、というあいまいなおそれを抱いているように見えるね。

おば　戸籍の解体？　子育ての責任？　なんだか話が壮大すぎ……。親の名字が違って子どもがかわいそうって意見は聞いたことがあるけど。ちゃんと説明して〜。

安部　そもそも、戸籍をもって夫婦が同姓になったのは、明治時代に始まった「家制度」だよ。

2　「人権侵害」については、国内でも国外でも指摘されている。国連女性差別撤廃委員会は、2003年から20年以上、日本政府に対して、婚姻後の夫婦同姓が強制されている民法の規定を改正し、夫婦が婚姻後も別姓を選択できる制度を導入することを求める勧告を行っている。

おば　家制度？　ってなんだっけ？

安部　明治維新があって急速な近代化を進めるにあたって、明治政府は、一人ずつ「姓」と「名」を登録する戸籍のシステムをつくったわけです。それまで平民と言われる農民や商人たちは自分たちの姓を名乗ってなかったから。

おば　そんなことある？　名字がないって、いろいろ不便じゃない？

安部　**一人一人に名前が必要だって国が気づいて、姓を名乗るのを義務づけたのって実はここ１００年ちょっとの話。**１８９８年にできた明治民法によって、夫婦同姓のベースとなる「夫婦同氏」の原則を定めた[3]。ここで、妻が婚姻によって夫の「家」に入ること、妻が夫の姓になるっていうルールができたんだよ。

おば　それが夫婦同姓の始まりってわけね。戸籍も夫婦同姓も、ってか姓を名乗るようになったのもわりと最近……でもないけど、明治からなんだね。

安部　そう。明治政府は戸籍をもって、個人ではなく「家」単位で国民を管理するようになった。それがいわゆる「家制度」で、家の中では戸主と呼ばれる年長の男性、つまり父親イコール家長に従う。そして家長である男性は、家族をまとめ、家族を養うという「家父長的家族制度」ができあがった。家長が一番えらいので、家

3　「明治31年民法（旧法）成立：夫婦は，家を同じくすることにより，同じ氏を称することとされる（夫婦同氏制）。※旧民法は「家」の制度を導入し，夫婦の氏について直接規定を置くのではなく，夫婦ともに「家」の氏を称することを通じて同氏になるという考え方を採用した」（法務省，"我が国における氏の制度の変遷"）。※明治31年＝１８９８年。句読点原文ママ。

長の許可がないと結婚も引っ越しもできなかったんですよ。

おば　うちは昭和の家庭だけど、祖父、次に父がえらいって空気があったわよ。ほんとやんなっちゃう。さすがに「家同士の結婚」とかはなかったけど。

安部　家制度って実は、天皇と国民の関係性のアナロジー（類推）としてつくられたんだよね。明治以前の天皇は幕藩体制の影響もあり、農民たちには遠い存在だった。国民に天皇を尊ぶという価値観を普及させるために、家族という最小単位の社会の中で、戸主を尊ぶという価値観を根づかせた。

おば　ええ！　価値観ってそうやってつくられていくのか……。おそろしいわ。

社会を効率的に管理する「戸籍」

安部　当時は社会の維持コストとして、「家制度」が一番合理的だったわけよ。

おば　社会の維持コスト？

安部　前提として明治時代まで連綿と続く日本社会は、産業の中心が農業だった。

多くの国民の財産である田んぼが細分化して小規模になっていくことは非効率的だし、農地をめぐる親族間の争いもそれまでも起きていたのね。で、政府が農地を管理して税金を集めるうえでも、個人ではなく、世帯ごとに管理したほうが、効率がよかったし、国民の大多数である農民にも受け入れられやすかったわけです。

おば　効率ねえ。

安部　農業も家単位のほうが田畑が広くなるからやりやすい。田んぼとか畑、つまり所有する土地と税金を管理するために「世帯」というくくりが生まれた。

おば　世帯って田んぼが始まりだったんだ。

安部　家制度では基本的に、その土地、つまり財産は長男が代々継いでいた。で、世帯ごとに税金を納めると。

おば　1世帯10人と考えれば、政府の手間が10分の1になるってことか。

安部　家制度では、同じ男でも何番目に生まれるかで格差があって、次男以降は、労働力ないしは戦力なんだよね。長男は、戦争に行かなくてもいいって法律[4]があったんで、戦争には次男以降が行ってたのよ。

おば　「男もつらいよ」だねえ。

4　「明治六年一月十日に発布された徴兵令は国民皆兵主義をとなえていたにもかかわらず、免除や代人を認める兵役免除規定が設けられていた。すなわち兵役を免除されるのは、(1)戸主やその相続者、(2)犯罪者、(3)身体未発達の者や病弱者、(4)官吏、所定学校の生徒、洋行修業者、陸海軍学校生徒など、(5)代人料二七〇円を上納する者、となっており、終身免役であった」(越谷市『徴兵令の変遷』)。※明治六年＝1873年。漢数字原文ママ。

安部　家族単位で役割分担する家制度は、とにかく政府にとって都合のいい制度だったわけです。

おば　家族で役割分担って意味で女性は……なんとなく想像つくけど？

安部　人権が尊重されなかった時代のひどい話なんだけど、当時の考え方として、想像の通り、女性は子どもを産み続けるのが役目だったんだ。家としても、働き手は多いほうがいいし、男たちは戦争に行って死んじゃうこともあるから。家を継ぐことも含め、できるかぎり男児を産んでおいたほうがいいとされていた。

おば　つまり、男児を産むことが、女性の役割だった。

安部　社会の構造的な視点から見れば農業や軍事における肉体労働を男性が担って、女性は次の世代の労働力かつ戦力になる男児を産む。家を存続させるっていう目的に向かって最適な役割分担をした結果そうなったと。

おば　ものすごい動物的っていうか……、嫌悪感を抱くわ。「女性は産む機械」的な失言ってこういう古い価値観にひもづいているのか。でも現代において、明らかにその発想はアウトじゃん。現に、長男優遇の「家制度」は廃止されてるわけでしょ？

安部　家制度自体は戦後、日本国憲法ができた時点で廃止されてるし、長男だけに相続されることもなくなった。憲法では「両性の本質的な平等」が掲げられて、夫でも妻でもどっちの姓にしてもよくなったんだ。夫婦同姓が原則だけど。

でも実際、平等って言ったって、ほとんど女性が姓を変えてるよね？

安部　95パーセントの割合で妻が夫の姓にしているというデータ[5]がある。つまり、戸籍制度はそのままだし、家制度の名残があるってことだね。

おば　家制度は廃止されても、戸籍制度によって「結婚して家に入る」的な風潮が残ったままってことなの？　普段戸籍なんて意識することないけどねえ。

安部　実際、今の政府には理論上「戸籍」は必要ないんですよ。**世界的に戸籍があるのは日本と台湾くらい**[6]だし。

おば　そうなの？　戸籍って当たり前にあるものだと思ってた。

安部　今の時代、戸籍がなくても困らないんすよ、政府も国民も。戸籍ってもともと農作物の収穫量の把握や納税者の効率的な管理のためのシステムだからさ。

おば　国に管理されるって思うとなんかいやな感じがするけど、私たちだって実際、

5　内閣府男女共同参画局（2023）〝夫婦の姓（名字・氏）に関するデータ〟

6　早稲田大学〝東アジア歴史紛争和解事典〟

納税もしてるし、児童手当をもらうとかしてるわけだもんね。でもそう考えると、管理は必要じゃん?

安部　今はマイナンバーカードで、「家」をはさまず、国が直接個人の管理をしやすいシステムができてるからね。戸籍が役割を担っている家族データの管理も、理論的にはやろうと思えばできるから、家系図だってなくならない。それに、産業全体で農業の割合も下がったし、機械化が進んで肉体労働が減った。みんなで田畑を耕さなくていいし、しょっちゅう戦争に行かなくていい。

おば　きょうだいで田んぼを分け合うわけでもないしねえ。

安部　そうそう。お金で個人資産を管理するようになったから、きょうだい間でも資産を分けやすくなった。財閥《ざいばつ》も解体して、経済的にもかなり流動性が上がってきてるわけで……。

おば　結婚も家同士でお見合いとかじゃなくて、基本的に自由恋愛だもんね。一人一人が自由にやりたいもんだよ。

安部　昔は家に束縛されて、職業選択の自由も、パートナーシップ選択の自由もなかったんでね。つまり人権はなかった。戦後徐々に人権という概念が一般化して、個人の自由が尊重されるようになったんです。

「個人の自由」、大事じゃない？

家族にひもづく子育てと相続

個人の自由、大事！
やっぱり今の時代に合わせて、選択的夫婦別姓でよくない？

おば　家単位で農業するわけでもなく、個人単位で働いてるんだし。結婚したからといって名字変えなくていいじゃん？

安部　そうなんだけどね。社会制度という視点で見ると、もう少し踏み込んだ話も絡《から》んでくるんだよ。家制度は実質的には廃止されたけど、国も個人も、実はまだ家制度的な価値観に乗っかっている部分があるんだよね。

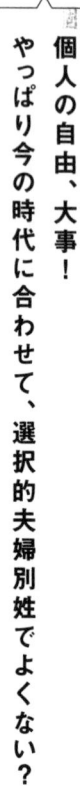

おば　「恩恵を受けている」的な？

安部　たとえば多くの人が、土地とか財産とかを親から相続するでしょ？　家族間の生前贈与は一定額まで税金がかからないし、亡くなったあとの相続も金額に応じて変わるけど、数十パーセント程度。[7]　贈与や相続、お墓の考え方は家制度の価値観との連続性の中にあるものだからね。

おば　親の所有物は、子どもがいれば受け継いでいくパターンが多いだろうね。私、お墓は相続したくないけど、[8]　親のお金はほしいもん。

安部　現行の法務省の改正案は、「選択的夫婦別姓にして、戸籍や相続のシステムを残す」ってやり方だから、影響はないんだけど。

おば　じゃあいいじゃない。というか、もはや戸籍ってなくてもいいんじゃない？

安部　システムとしての戸籍はなくてもいいんだけど、戸籍を解体する考え方の先には「相続されない」という選択肢も出てくるのよね。

おば　え、親のお金をもらえないってこと？

安部　個人の資産を子どもに相続させないで、いったん国家が回収して再分配する。個人個人は自由競争だけど、世代間では一部リセットされるという発想だね。

7　国税庁〝No.4155　相続税の税率〟

8　実際は墓は民法上で祭祀《さいし》財産なので、一般財産と異なり、相続財産には含まれない（鎌倉総合法律事務所〝お墓とか仏壇も遺産？〟）。遺言や親族の話し合い、地域の慣習で決まるという意味で、家制度の考え方が強く影響している。

おば　え？　自分が一生懸命働いて稼いだお金は、どう使われるかわかんない「社会」じゃなくて、自分の子どもに渡したいんだけど。

安部　現状は、受け継いできた土地や自分が稼いだ財産を相続させ、血縁関係にある家族で子どもを育てている。その真逆は、相続ができない代わりに、そのお金を使って、社会で子どもを育てる。

おば　またあんた、そんな極端なこと言って。

安部　まあ議論っていうのは、思考実験として、極端なところから考えていったほうがいいんだよ。物事は極端などちらか一方に落ち着くわけじゃなくて、どこでバランスを取っていくかが重要だから。いったん、両極端なところから議論を進めたほうが、落としどころが見つけやすくなるんです。

おば　極端などっちかがいいって話じゃないのね。

安部　で、もっと俯瞰《ふかん》して社会の視点で見ると、子育ては極めて重要なしくみなんですよ。子どもを育てないと次の納税者が生まれないから、社会が維持できない。だけど、日本社会は子育てにはコミットしていない。いまだに家族に任せてるのが現状。

おば　社会がどう存続するかなんて考えてないけど。私も子どもは家単位で、「親が育てる」って意識があるわ。

ねえ、夫婦別姓の話からずいぶん遠いところに来てる感があるんですけど……。

安部　そこが賛成派と反対派のすれ違っているところなんだよ。反対派にとって夫婦別姓は一つのシンボル的な話でしかなくて。つまり**名字っていう個別の問題だけではなく、「その先にどういう社会をつくるか」ってことも考えたいという意見**なんだよね。つまりは次世代の子どもを育てる責任をどこに置くのか、そしてそのお金は誰が負担するのか、って。

おば　そのすれ違いで30年か……。

安部　これらを考えることはもちろん大事。ただ、「選択的」夫婦別姓の議論に、すべてを盛り込むべきじゃないとおれは思ってる。

おば　子育ての責任の話って、親の責任なのか、社会の責任なのか、ってこと？

安部　今みたいな、明治時代の家制度の価値観の延長線上での子育ても、相続ゼロで社会制度の中で子育てをしていくのも、どっちも厳しいじゃない？　その極端などちらかではなく、どこに落としどころを見つけていくかが重要なんですよ。

パートナーシップの基本モデルを用意する

おば　落としどころは一体どこにあるのよ⁉

安部　やっぱり選択肢を増やすことだと思うよ。今は婚姻届によって恋愛や性行為を独占し、家同士で子育て、介護もやっていくわけだから、柔軟性に欠けるよね。

フルパッケージで、結婚にあらゆるものが詰め込まれてる。

おば　正直、結婚したからって一人の男性と一生、恋愛とかセックスをしていくって無理じゃない？　私はさすがにもう旦那に恋はしてないわ。別に恋愛したいとも思ってないけど。でも、その欲も人によるもんね。だから不倫とかも、夫婦のあいだでは満たされない欲を外に求めて満たすわけでしょう？　芸能人もあんなにバッシングされちゃって……。

安部　つまり不倫は、一夫一妻制を定めた社会の側が許容できなかったわけだよね。

おば　家庭のことなんだから好きにしていいじゃんって思うけど、みんなが守っているルールを破ったってことであんなに非難が集中しちゃうんだよね。でもやっぱり、一人の相手に一生、恋愛もセックスも、子育ても介護もぜんぶのパートナーシップを求めるのは酷な話でもあるよね。だから離婚もあるわけで。

安部　そうなんだよ。やっぱり「ぜんぶ込み」の婚姻制度には限界があるし、社会全体で家族主義への回帰《かいき》は現実的に無理だとおれは思う。一方で家制度の名残で地縁、血縁、家族で子育ての負担を分散していくっていうのは、**大きなセーフティネットにもなる**。実際に社会を家族主義で維持してきた側面もあるわけだから。

おば　でも家族に頼れない人たちもいるんだもんね。

安部　そう。だから、誰とどう暮らして何を協働するのか、パートナーシップとその先にある子育て、さらには相続も含む選択肢は複数用意する。その選択肢の一つとして「選択的夫婦別姓」は進めたほうがいい。さらに、婚姻の契約とは別に、**PACS（パックス）**みたいな選択肢も考えていったほうがいいと思っているんだよね。

おば　パックス？

安部　フランスのパートナーシップ制度で、同性・異性、性別に関係なく共同生活を送る二人のあいだで結ばれる契約のこと。**「同棲《どうせい》以上、結婚未満」**とも言われてて。恋愛、性行為、子育て、介護、相続をそれぞれどうするか、パートナー間で一つ一つ決めていく。で、契約書を自由につくって、裁判所に提出して、第三者にも効力を持たせると。

おば　へえ。自分たちで選んでいけるのはいいけど、そこまでのことを自分が求めているのかと言うと……？　正直、パートナー間で一個一個考えていくの、ちょっとめんどくさいかも。

安部　そういう人も多いと思う。だから婚姻制度は現状維持で変わっていかないいんだよねえ。

おば　そっかあ。ある程度「こういうもの！」って思い込んで割り切っているから、なんとか夫婦関係や子育てを維持できているところがある気もするしねえ。

なんでも自由にどうぞって言われたら、自分にとって何が大切なのか、どうすればいいのか、わけわからなくなりそう。

安部　自由で平等な社会って、「合理的で独立した個人」を前提としているとおれ

9　PACS（連帯市民協約）とは「性別に関係なく、成年に達した二人の個人の間で、安定した持続的共同生活を営むために交わされる契約のこと」（在フランス大使館）。もともと同性婚のために始まったが、異性カップルの間でも広く使われている（同性カップル数は婚姻の3パーセント、PACSの5パーセント。Insee. "Marriages in 2022 and 2023"）。ちなみにフランスでは婚姻とPACS以外にも、ユニオン・リーブル（事実婚）という選択肢がある。

は思うんだよ。でも、**そもそも我々人間に、自分で自分のことを定義する力がそこまであるか**って話でもあって。

おば　自分のことなんてよくわからないし、変わっていくし、定義するのは難しいなあ。「自由で平等な社会がいい」って頭では思っているけど、ある程度決めてもらったほうが楽ではあるわよね。

安部　社会を運用していくという視点では、地縁・血縁の単位で子育てをしていくことは合理的ではあるんですよ。社会でかじを取らなくても、ある程度家庭に子育てを任せておけるから。ただ、その歪《ゆが》みとして現代では、家庭が崩壊すると虐待のような問題が起きちゃう。それでも家単位で子育てをしていくことに多くの人が納得感を持っている。

おば　「古きよき家族」から、なんだかんだ抜け出せていないわけだ。

安部　だからこそ、パートナーシップの自由度を上げた方がいいとおれは思う。

おば　みんなそうしろってわけじゃなく、選べるように選択肢を広げるってことでしょ。

安部　そうだよ。夫婦別姓にかぎらず、子育ての負担と相続をどうするのか。複数の選択肢があるといいよね。ただおばちゃんが言うように、なんでもかんでも自由にすると選べなくなっちゃう可能性が高いから、**社会側が基本のモデルケースを複数用意しておくべき**だとおれは思うんだよね。

おば　選択肢があるってだけで、幸福度が上がりそう。

安部　地縁・血縁で子育てができる人は、相対的には社会からのサポートを必要としてないはずだから、そのぶんのリソースを頼り先がない人に回す。家制度から引き継いできた地縁・血縁でのセーフティネットを維持しつつ、そこからこぼれ落ちてしまう人たちを社会制度でキャッチする。つまり、選択肢を増やす。

おば　家族でフォローできる人はして、できない人は社会がフォローする。

安部　個人の生活感と価値観にフィットできるように、地縁・血縁、社会制度をベストバランスで提案し、子育てをしていく安心感を社会側で用意をしておくと。

子育ての負担と相続のトレードオフ

おば　そうなったら個人の選択肢も広がるし、人権も守られるし、いいね！　でも社会側は、いろいろ決めなきゃいけなくて、ややこしそう。

安部　制度設計は必要だよね。そもそも、婚姻せずに子どもを産む選択肢があってもいいと思うんだけど。日本はなぜか出産・子育ては婚姻を前提としていて、離婚はあっても、婚外子という選択はほとんどない。姓をはじめ個別に選択できない今の婚姻制度が、出産前のパートナーシップを結ぶハードルになっている可能性があるなら、そこに選択肢をつくるのは社会側としても妥当な判断だと思うのよ。

おば　結婚も出産も減っているもんねえ。

安部　選択肢が増えるってことは、現状の制度で生きづらさを感じている人が減り、出産・子育てへの懸念も緩和されるかもしれない。少子化はこの国の大きな課題でもあるわけだから。社会にとってもいいほうに進む可能性は高いよね。

おば　ほんと、「産みづらい国」になっていくのはやめてほしいわ。

安部　社会全体のメリットになることだから、個人の選択肢を用意する。さらにセットで、**子育ての負担と、経済的負担がトレードオフになるような設計**ができるといいよね。

おば　全然わかんない。何と何のトレードオフ？

安部　仮に夫婦別姓、ＰＡＣＳ、婚前契約とか、夫婦それぞれが個別に話し合って自分たちのパートナーシップの形を選べる制度設計をしたとして……。そうすると核家族に加え、婚外子やシングル、どちらかの親だけが子どもを育てるっていう選択肢も増えてくる。そうなると、**社会で子どもを育てていくしくみ**を構築する必要が出てくるよね。

おば　家族、親だけで子育ての負担を背負わなくてもいいように。

安部　うん。ただ社会で子どもを育てていく取り組み[10]に必要なお金は、相続税を上げて家族から回収するしかないと思うんだよね。

おば　つまり家族内の子育ての負担を軽くするぶん、家族間の相続を減らすというトレードオフ。そういうこと？　選択肢も増えるけど、結果的に税金も増える？

安部　全額ではないにせよ、社会で子育てするなら税率を上げるしかないとおれは思う。[11]逆にこれまでのように家族で子育ての負担を担う場合は、税率はそのまま。つまり、「社会の子育ての負担状況によって相続税の税率を変える」っていう考え方もありだと思うのよ。

おば　選択肢を用意するだけじゃなくて、「ルールもセット」ってことか。

10　血縁コミュニティが薄くなるぶん、個別の地域や職場のコミュニティによって、子育てにおける家族のリソースの不足を補う。そのうえで、誰もが仕事と子育てを両立できるように、保育園の義務化とか学童の予算倍増を進める。女性にはどうしても働くうえでは妊娠・出産に伴うペナルティが発生してしまうため、賃金の上昇など補償をつけていく、などが考えられるだろう。

11　世代を超えて引き継がれるものには教育投資と資産がある。教育投資は「稼げる能力」として現れることが多く、すでに所得税で累進課税が機能している。残った資産に対する相続税での調整が現実的。一方、相続税をあげると、他国で世代を超えて雪だるま式に膨れ上がる「ファミリービジネス／ファミリーオフィス」と競合できず、日本の事業や不動産などが買収される懸念もあり、そこには別の規制が必要とも考えられる。

夫婦同姓って手続きがめんどうだし、姓を変えるのはほとんど女性だし、選択的夫婦別姓がいいじゃんって単純に考えてた。でも子育ての責任とか、その先の社会全体のことまではまったく考えてなかったわ。

安部　社会を維持していくってけっこう複雑なんですよ。「夫婦別姓に賛成か反対か」という議論だけでは見えづらい根深い問題だから、「選択制で誰が損するの？」っていう最初のおばちゃんみたいな疑問になるのもわかるよ。

おば　子育てと相続の話になるなんて思ってなかったよ。複雑な話を一つ一つ理解していくって大事だねえ。

安部　うん。一方で、最後は決めないと前に進めないので、複雑な背景を踏まえて論点をそろえたら、決めきる。選択的夫婦別姓はもうそのフェーズだと思うんだよね。

おば　仮に制度が導入されたとしても、「選択的夫婦別姓、バンザイ！」で終わらず、その先の制度設計がどうなっていくかにも注目していくわ。

安部　おばちゃんも、だんだん「社会課題」に巻き込まれてきたね。

第5章のまとめ

- 選択的夫婦別姓が進まない理由は、賛成派と反対派の論点のずれ。反対派の慎重さの背景には、血縁関係を重視し、家族単位での子育てや相続の伝統をこわしたくないという声がある。

- 明治時代に始まった家制度では、戸籍をもって家単位で国民を管理し、社会の維持コストを最小限に抑えることが目的だった。家制度が廃止されたあとも、妻が夫の姓を名乗ることが主流となっており、価値観への影響は根強い。

- 現在の婚姻制度では、恋愛、子育て、介護、相続など多くの要素が詰め込まれている。フランスのＰＡＣＳのような選択肢もあるが、自由度が高すぎると社会の維持コストが上がる。個人が「自分を定義する力」も問われるだろう。

- 選択的夫婦別姓は、論点をそろえて「決める」時機といえる。

テーマからの広がり

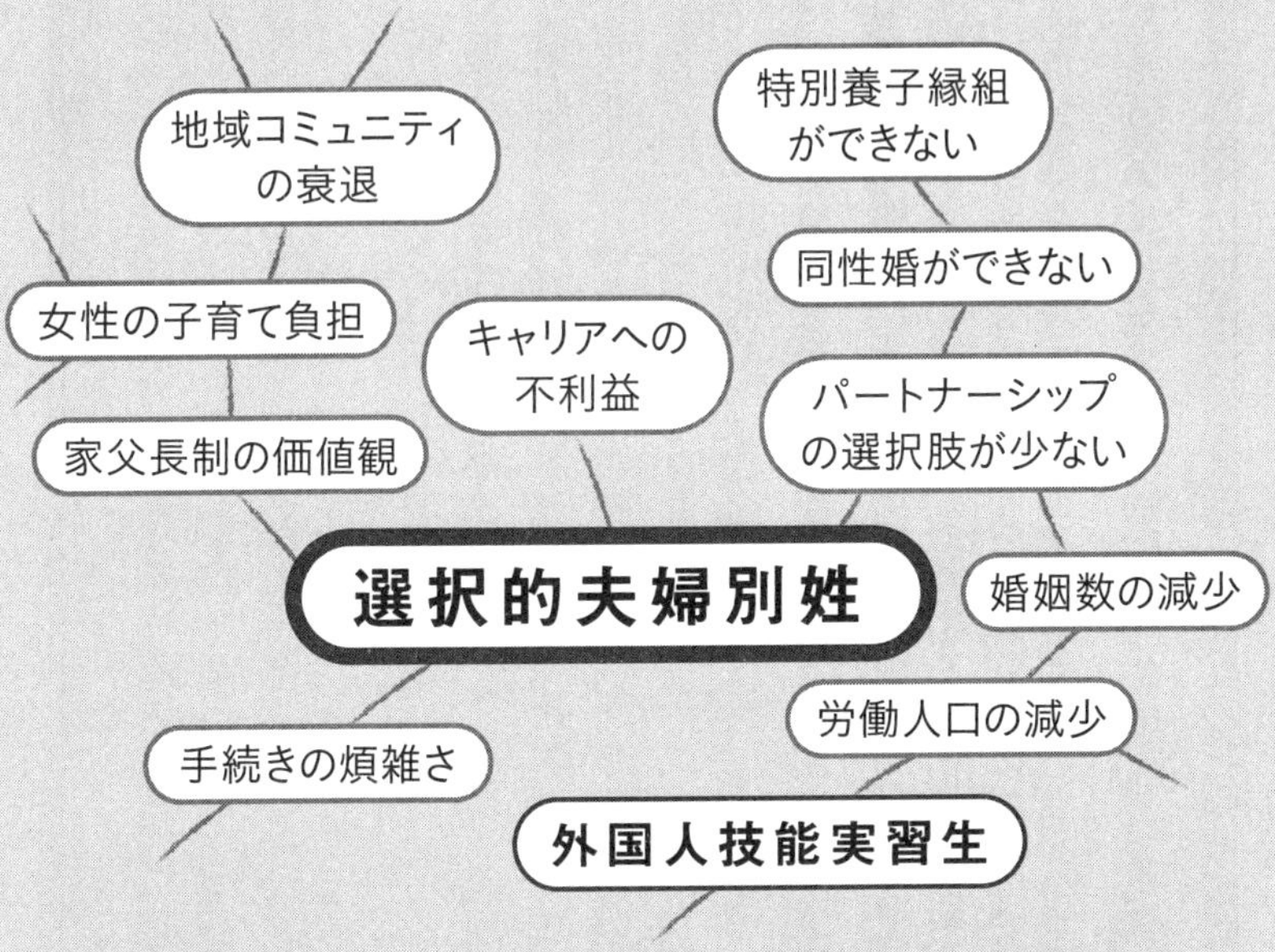

同性婚・夫婦別姓はなぜ進まないのか

変化する恋愛観や結婚観。家族に対する価値観が多様化し、婚姻という枠組みがなくても愛情・セックス・子育ては成立する。一方で、制度面では「選択的夫婦別姓」をはじめ、法整備がなかなか進まない。そもそも結婚は必要なのか、制度はどうあるべきか。日本の結婚制度や家族のあり方についてひもといた記事。

記事はこちら
（執筆：リディラバ）

第6章

ジェンダー

あなたの恋愛対象、どこまで聞いていいですか？

男女の「差」はあるからこそ

せんぱい、私
仕事やめようと
思って…
げっそり…
なんで？
夫が出張続きで
育児が
ほぼワンオペなんです
やりたい仕事
やっとできるように
なったのに
悔しいです…
ってことが
あってー
うん
うん
子育てを機に
キャリアを手放すの
めちゃくちゃ
もったいないなって思った
Work
Child care
まさに
チャイルド
ペナルティ
だね

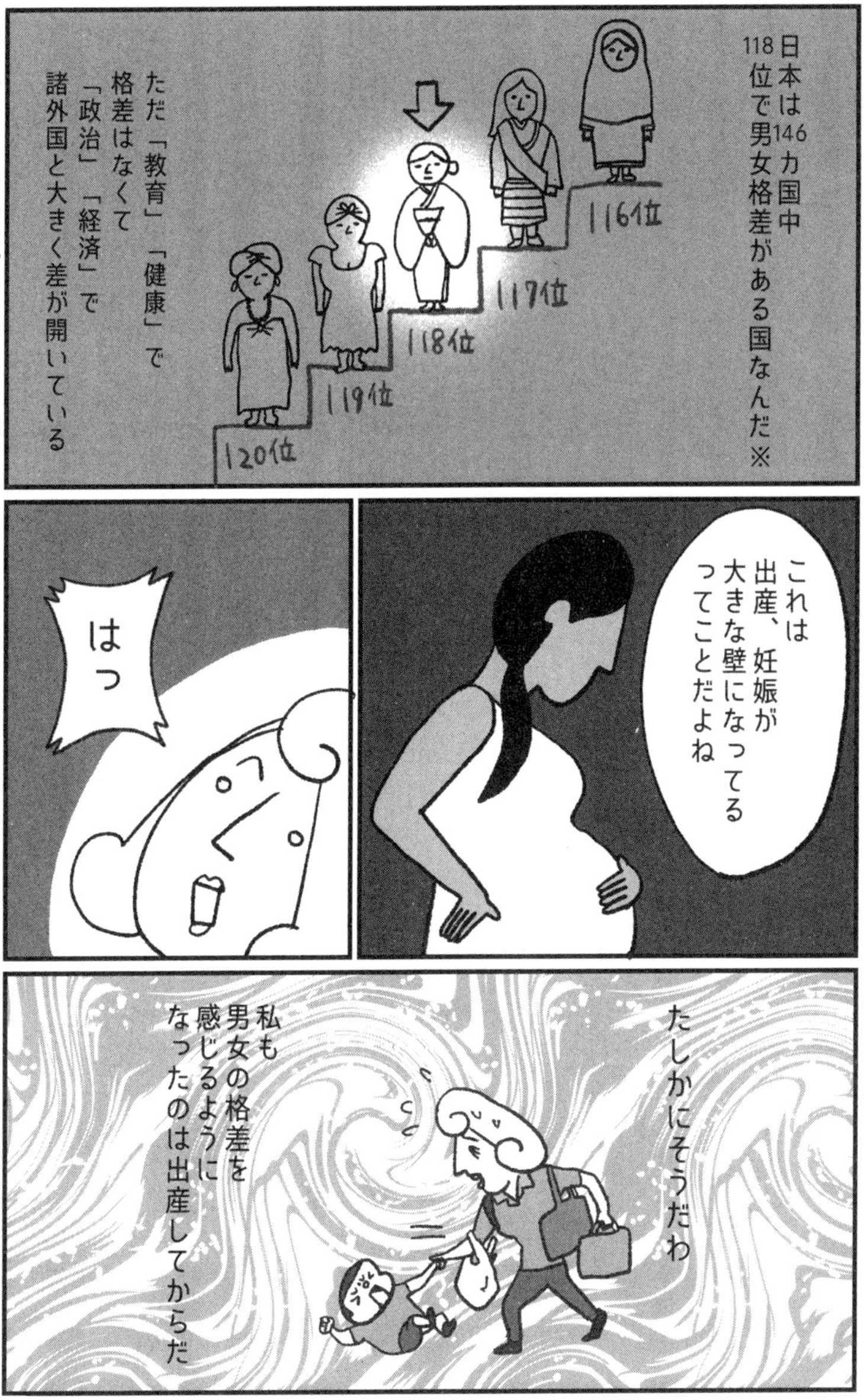

※ジェンダーギャップ指数による統計

ジェンダーギャップをどううめる？

おば　大学を卒業するまではあんまり「ジェンダーギャップ」って感じてなかったんだけどねえ。就職して働き始めて、さらに出産・子育てをするようになってからは、男女の格差をめっちゃ感じるな。

安部　その実感は、日本社会の実態にも通じると思うな。出産後の男女の所得差、それが「チャイルドペナルティ」なんだよね。

おば　けっきょくうちも、ぎりぎり仕事をやめてはないけど、時短で働いて主に子育てしてきたのは私だし、それによって所得の差が生まれたわよ。当たり前だと思って受け入れてたけど。子どもを産む前は、むしろ私のほうが稼いでたのに！　まあ私自身、出世したいと思ってないんだけどね。

安部　その出世こそが課題なんだよね。というのも日本は保健分野や、読み書き・義務教育という意味で教育分野の男女格差はほぼないんだ。デカいのは、政治・経済分野の格差。特に管理職とか国会議員など、トップリーダー層における女性比率

図表1. アイビーリーグ学部生の男女構成比

（安宅和人『シン・ニホン』（NewsPicksパブリッシング）

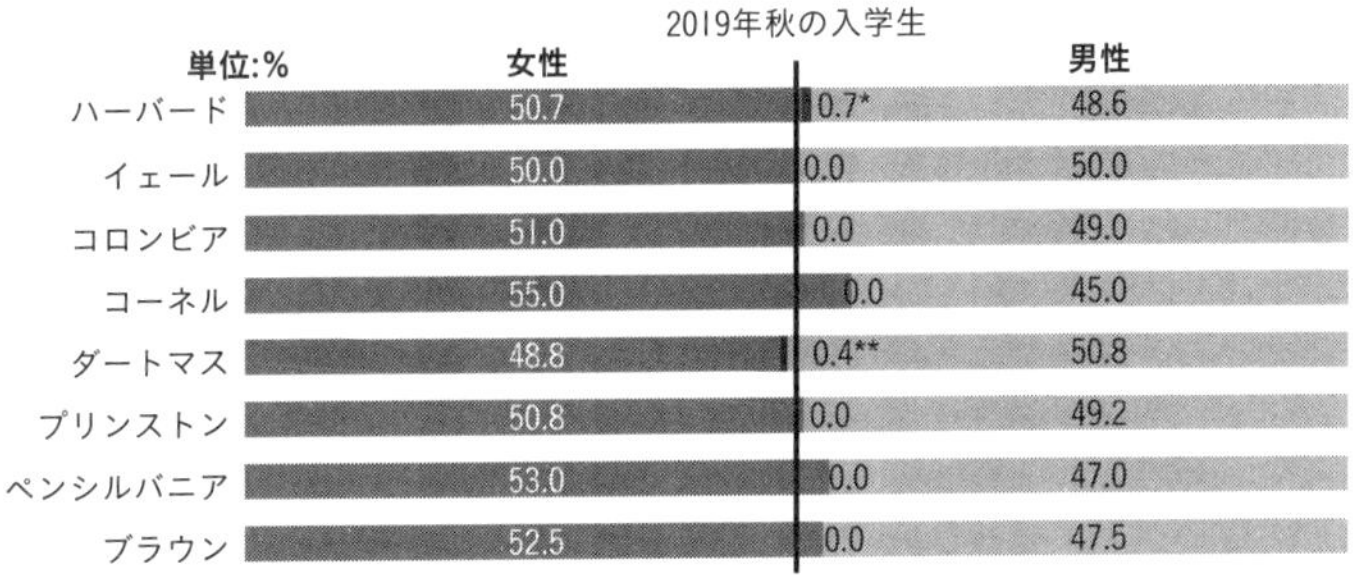

開示しない0.5%，クィア/ノンバイナリー0.2%;** クィア/ノンバイナリー
資料：The Harvard Crimson Meet the Class of 2023; Station Distribution of students in the Ivy LeagueClass of 2023 by gender; Yale News Class of 2023, Columbia underguraduate admissions class of 2023 profile; Cornell Class of 2023; A brief summary; Dortmouth Class Profile and Testing; Princeton Admission Statistics;Penn Statisyics for the Admitted Class of 2023 より安宅和人作成

の少なさが問題なんだ。その入り口としてたとえば、東大の学生の女子比率は2割程度[1]なんだけど、そこから経済・政治分野へのジェンダーギャップが開いているとも言われている。まだまだ学歴重視の日本で、一流大学を卒業することは、政治・経済分野でポジションを取っていく入り口にもなるわけなんで。

おば　私はさておき、仮に娘がいてお勉強ができる子だとしても、めちゃくちゃ努力して東大まで行かなくていいやって思っちゃいそう。それはやっぱり女だからって意識があるからかもなあ。みんながそうじゃないとは思うけど。

安部　日本はそういう意識の傾向があるとは思う。ただ、アメリカのトップ大学、

1　東京大学ジェンダー・エクイティ推進オフィス（2019）〝東大でお待ちしております　～誰もが活躍できるキャンパスを目指して、松木則夫 男女共同参画室長より～〟

たとえばハーバードもイェールも男女比はほぼ5：5なんですよ（図表1）。

おば へえ！ なんでこんなにきれいに5：5なの？

安部 60年ほど前から、**「アファーマティブ・アクション」**をした結果だね。

おば 今なんて？ アファ……なんちゃらアクションって何？

安部 アファーマティブ・アクションね。暫定的《ざんていてき》に差別を是正すること。一時的に女性を優遇するとかそういうことだね。たとえば、東大の入学枠を女性優遇にする。そうすると、同じ点数でも男性が不利になるわけ。

おば 下駄を履《は》かせる的な？ でも逆に、医大の試験で女性の得点操作もあったじゃん！

安部 あれは明らかな女性差別の事例だよね。背景には医療現場特有の課題があって。医療現場は肉体的にハード、かつ人の命に関わる職場でもある。昼夜問わず人の命に関わる手術をしないといけない現場で、育休産休で人手が足りないってことは避けたい。

おば そんなの代わりの人を雇えばいいじゃない！ 育休は今の時代、男性だって取ってるんだから。

安部　そうなんだけど、医師を一人増やすってことは医療費がそのぶん増えるってことだから。莫大《ばくだい》に膨らむ医療費をこれ以上増やせないという裏事情もある。医学部は定員があって医師になれる人数がかぎられているから、誰かが休んだぶんは、ほかの医師がしゃかりきに働いて、補うしかない構造があるわけです。

おば　そっか！　医者の高い給与は私たちの税金で支払っているのか！

安部　構造として、同じ一人を採用するなら、出産する可能性のある女性より、もっと言えば中高年より、休まず長く働ける若い男性の医師を選びたいという意識が働いてしまう。つまり、医療現場が健康で長時間労働に耐えられる男性に最適化された現場になっている。本来なら、誰もが働きやすい現場にするべきなんだけど、医療費を増やさないために、医師の数は増やせないし、かといって医師の給与は下げられない。だから、入り口のところで身体的な性別で振り分けていたってことです。

おば　体力とか、それこそ生理とか妊娠・出産とか、たしかに男女の身体的な差はあると思うよ？　でもねえ。

安部　男女の身体的な差はどうしてもある。そのうえで、やっぱり**女性を排除するのではなく、女性も働きやすいように労働環境を変えていくべきだよね。結果的に男性にとっても働きやすい職場になるわけだから。**

おば　それって企業も同じじゃない？

安部　そうなんだよ。働く現場の制度って、「健康で長時間労働ができる働き盛りの男性がたくさんいる」前提でつくられたものだから。でも今はどんどん働き手も減って、女性の社会進出も進んでいる。

おば　家庭のこと一切しないで、会社にいられるおじさんのようには働けないもの。

安部　だから時代に見合った制度と働く現場に変えていかないといけない。働き方改革でだいぶその意識が高まってきて、一部の大企業では女性の役員登用なども進められてはいるよ。でもその割合は少ないし、日本は男女格差に手を打たずそのままにしてきた。つまり、アファーマティブ・アクションをしなかった。その結果がジェンダーギャップ指数にもちゃんと表れているよね。

おば　なんとかしてほしいよ、まったく。

安部　それに、性別カテゴリーとしてLGBTQ＋の人たちからすれば、**「日本で女性をいつまでマイノリティとするの？」**って問題がある。女性をマイノリティとしていると、「もっとマイノリティ」である人たちを取り巻く制度改善などが進んでいかないという考え方もあるんだよね。だからこそ早く、男女間のジェンダーギャップをうめる必要がある。

性のカテゴリーがわからない

そもそもＬＧＢＴＱ＋とは？ セクシャリティとジェンダーの違い

おば　あのー、今さら聞けない感あるんだけどさ……、実はＬＧＢＴの分類がよくわかっていないんだよね。なんか急に「Ｑ」が足されたり、「＋」がついたり、何が正解なの？

安部　そもそも「性」って正確に分けられるようなものじゃなくてさ。レズビアン（Ｌ）、ゲイ（Ｇ）、バイセクシャル（Ｂ）、トランスジェンダー（Ｔ）ってくっきり分類できるわけじゃないんだよね。

おば　分類できないの⁉

安部　たとえば誰を好きになるか、「性的指向」だって、流動的ではあるよね。

おば　流動的なのかなあ。そういえば、男性と結婚してたけど、別れて女性とおつき合いしている女性がいるって聞いたことあるわ。どういうこと？　と思ったけど。

安部　好きになった人の性が、必ずしも特定の性別に絞られないってこともあるだろうし、途中から気づくこともあるよね、きっと。

おば　まあ生まれたときからあらゆる場面で男女に分けられてたし、それ以外の枠組みがあるって気づいたの、私はわりと最近だけどなー。

安部　我々は社会規範の中で生きてるんでね。

おば　また難しいこと言い出した。社会規範って？

安部　何が「ふつう」とみなされるかってこと。性表現、装いについては特にジェンダーの影響を受けるよね。たとえばアメリカでは、スキニーなパンツをはいているとゲイだと思われがちだとか。その国の文化や歴史にもひもづいてくるんですよ。

ちょっと待って、セクシャリティとかジェンダーとか、定義がいまいちわかんなくて混乱するんだけど。セクシャリティとジェンダーは違うの？

安部　セクシャリティはざっくりと言えば四つの観点からなる性のあり方のことね

図表2．性のあり方（著者作成）

身体の性（生物学的性）	生物学的特徴による性別
心の性（性自認）	自分自身の性別をどう認識しているか ある程度持続的なアイデンティティ
好きになる性（性的指向）	恋愛や性交の対象となる性別
表現する性（性別表現）	服装、しぐさ、言葉づかいなど

（図2）。で、ジェンダーは、社会が与えるその性別に対する役割とか期待値のこと。「男らしく」とか、「母親らしく」とかよく聞くじゃない。

おば　「女らしく」とか「母親らしく」とかうっせえわ！　って感じだけど、自分も無意識に縛られてるとこあるからね。現に子育ては、母親である自分が主でやるものだと思って時短で働いてきたし、そのうえ学校の保護者会にお父さんが来てるのを見てびっくりしちゃったりして。

安部　明治時代は男と女の役割が法律で定められてたわけだけど、今だって社会の側から、性別に役割を与えている。それによって生じる不平等とか生きづらさはあるだろうし、個人の意思決定にも影響をおよぼしているんだよね。

おば　でもさ、「セクシャリティ」が社会的な影響を受けていることを考えると、自分が好きになる性とか、表現する性が本当の自分なのかどうか、よくわからなくなってくるね？

安部　性のあり方は、その時代の社会や文化の影響を受けてはいるからね。

おば　自分はどのタイプなの？　それって社会の影響のせいなの？　って考え出すと混乱するから、正直、いっそ決めちゃって〜って思ったりもする。

安部　おばちゃんみたいに**社会に与えられたカテゴリーに違和感がない人**はいいんですよ。けど、違和感がある人はとにかく生きづらい。イメージとしては、自分にぴったりな服が見つからない。自分に合わない小さいサイズのズボンをはくのはつらいじゃない？　だから自分に合う洋服をつくってほしいって話なんだよね。

おば　オーダーメイドでぴったり合う性を個別にカスタマイズしていくような？

安部　そうそう。極端な話、一人一人に個別のセクシャリティがあると。ここ数年「ＬＧＢＴＱ＋」と言われているのは、セクシャルマイノリティ全般を表す「クィア（Ｑ）」、セクシャリティを悩んでいる・あるいは決めない「クエスチョニング（Ｑ）」、そのほか多くのセクシャリティがあるって意味での「＋（プラス）」が加えられたわけですよ。つまりそれだけ性のあり方は多様だと。

女とはなにか？ トランスジェンダーの権利をめぐる論争

頭ではわかるけど、当事者じゃないから体感として理解ができていないんだよなあ。

安部　近年、セクシャリティやジェンダーのカテゴリーのあいだで、世界ではさまざまな軋轢《あつれき》が起きているんですよ。たとえば欧米ではトランスジェンダーの権利をめぐって「トランス論争」が起きてる。イギリスでは『ハリー・ポッター』の作者であるＪ・Ｋ・ローリングの主張が大炎上して議論が巻き起こった。彼女の意見に多くの批判と支持の声がそれぞれ集まって、対立したんだよね。

おば　どういう論争なの？

安部　Ｊ・Ｋ・ローリングは、「トランスジェンダーの女性は女性ではない」という主旨の発言をしたんだよね。さっきの四つの観点でいうと、「身体の性」と「心の性」が一致しない人が「トランスジェンダー」に分類されるんだけど。

おば　ややこしいけど、生理がなくて身体的には男性で、性自認が女性であるトランスジェンダーは女性じゃないと。トランスジェンダーは社会的には女性に分類されるの？

安部　まさにそれが議論になってる。**「女とは何か？」**と。Ｊ・Ｋ・ローリングの主張は、性のグラデーションの一つである性自認を認めないってことにつながるから、批判を集めてる。一方で、「女性の権利を守っている」と支持する声もあるわけよ。たとえば、女性専用エリア、トイレや更衣室にトランスジェンダーが入ってくることを許可すると、生物学上の男性による犯罪が増えるんじゃないかとか。

おば　たしかに、女子トイレに、性自認が女性であっても、明らかに骨格がしっかりした男性っぽい人がいたら戸惑うかも。ちょっと怖いっていうか……。

安部　「性自認」って「心の性」って言われるように、目に見える基準がはっきりあるわけじゃないからね。もちろんトランスジェンダー女性も体格のいい人ばっかりじゃないし、一概《いちがい》には言えないんだけど。マジョリティ側の権利の主張がマイノリティであるトランスジェンダーの人の権利を侵害することにもつながりやすいんだよね。

おば　権利を侵害したいとはまったく思わないんだよ。でも、たとえばトランスジェンダー女性が銭湯で女子風呂に入るとか、ちょっとどうとらえたらいいかわかんないっていうか。なんとなく嫌悪感があるなあ。

安部　トランスジェンダーに関しては、ほかにもスポーツの試合で、身体的に男性だった人が性転換をして女性として、女性の大会に出場して優勝したら、反感は出るよね。性自認は女性だと主張して、たとえそうだったとしても、やっぱり身体の差はあるわけなので。

おば　心がどうであっても、男女の身体の差はあるからねえ。

安部　だからこそ社会側に、どういう基準にするか、どこまでを許容するかって線引きが求められるわけよ。

たとえば日本ではトランスジェンダーが法律上の性別を変えるには、手術やホルモン治療をして性転換をしなければならない。そこまでハードルを高くすれば、「嘘の申告はできない」という考え方だよね。精神的にも金銭的にも身体的にも負荷がかかることなので、それなりの覚悟が必要だから。一方で、お金がないと「本来の性」になれないとも言える。それはそれで問題でもあるんだけど。

おば　そこまでしなくてもいいのでは？　とも思っちゃうけど。

安部　実際に日本でも、２０２４年7月に性転換手術をしないホルモン治療のみで、男性から女性へ戸籍上の性別変更を認める裁判事例が広島高等裁判所で出たんです。[2] 手術なしで性別変更が認められるのはかなり異例で、さまざまに議論されている真っ最中。これからの流れがどうなっていくか、注目したいところ。

おば　トランスジェンダーをめぐる環境も刻々と変わりつつあるんだねえ。

安部　日本は現状、性別変更の条件が厳しいよね。でもヨーロッパのいくつかの国では、アイデンティティが揺らぐ、より若いうちから、より簡単に性別変更ができるようになっている。16歳から自己申告で性別変更ができる「ジェンダー認定証明書[3]」の発行が広がってるんですよ。

おば　それはそれで問題も起きそう……。

安部　わりとライトに性転換ができるからこそ、「その性自認は本当なの？」みたいな疑問を持つ人もいて、トランス論争が起きるわけです。

2　男性から女性戸籍上の性別変更手術なしで認める決定高裁．ＮＨＫ．２０２４-０７-１０．ＮＨＫ ＮＥＷＳ ＷＥＢ．

3　スコットランドの性別変更手続き簡易化、イギリス政府が法制化を阻止へ．ＢＢＣ．２０２３-０１-１７．ＢＢＣ Ｎｅｗｓ Ｊａｐａｎ．

どこまで踏み込んでいいの？ 二つの「ＮＧ」

やってはいけない、二つのルール

セクシャルマイノリティの人たちに、打ち明けられたらどうすればいいの？ 腫《は》れ物扱いをする気はないんだけど、傷つけるのも怖いしさぁ。恋愛話とか家族の話とか、どこまで踏み込んでいいのかわかんなくって。

安部 まず、人間誰しもが偏見を持っているってことは覚えておいて。人間の脳の機能に限界がある以上、偏見を持つことはやむなしなんです。**脳は物事をできるだけ単純化して、カテゴリーに分けたうえで理解したいからね。**

おば 難しく考えず、シンプルに考えたほうがぶっちゃけ楽だもんね。

安部　自分にも他人にも偏見がある。その前提に立ったうえで、たとえ理解できなかったとしても、自分とは違うカテゴリーにいる人に対してどうするか。大人の作法、というか一人の人間として、今の社会のルールとしてやってはいけないことが明確に二つある。

おば　やってはいけないことって？

安部　一つは、「自分が思ったこと」を無自覚にそのまま攻撃的に発信すること。人のセクシャリティに対して、どう思うかは人それぞれだけど、**インターネットで発信して誹謗中傷を浴びせたり、直接否定や非難したりすることは、絶対にやってはいけない。**命を奪う行為になりかねないんだよ。SNS上での集団バッシングによって追いつめられて自殺しちゃう事件もあったでしょ。

おば　顔の見えない集団の誹謗中傷は凶器よね……。

安部　インターネット上の誹謗中傷に関する裁判もいくつも行われていて、罪にも問われるよ。特定のカテゴリーの人たちを攻撃する「ヘイトスピーチ」が目立つようになって、それを禁止する法律ができた。[4]テレビ局なんかでも放送禁止用語が定められているし、時代に合わせてどんどん変わってきた。つまり言ってはいけないことが、社会によって規定されているわけです。

4　「本邦外出身者に対する不当な差別的言動の解消に向けた取組の推進に関する法律（平成28年法律第68号）」、いわゆる「ヘイトスピーチ解消法」が成立し、2016年6月に施行された（法務省〝ヘイトスピーチ、許さない。〟）。

おば　昔のテレビなんて、差別発言ダダ漏れだったよね。
安部　社会の中で、どこまでが許容されて、どこからがＮＧなのか、その線は常に変わる。だから偏見を持つ個人としては、その時代の社会のルールを追っていかないといけないわけです。
おば　セクハラ発言も、昔は社会の暗黙のルール的に許容してた。というか個人が我慢してたけど、今は完全に社会的にアウトだもんね。
安部　そうだよ。セクシャリティについては過渡期で、どんどんそのルールは変わっていく。「時代遅れのやばいヤツ」として人を傷つけないように、社会のルールを知りながら、常に自分の感覚をアップデートしていかないといけないんだよね。
おば　自分の無知が誰かを傷つけたり、命を奪ったり……。そんなことは絶対に避けたい。
安部　やってはいけないことのもう一つは、**本人の性のあり方を同意なく他人に暴露する「アウティング」**です。一橋《ひとつばし》大学のアウティング事件のことは知ってる？
おば　な、なんとなく……ぼんやりと。
安部　一橋大学のゲイである大学院生が同級生に告白したんだけど、その同級生がクラスメイトのLINEグループで「彼がゲイであること」を投稿しちゃったんだよ。そのアウティングが原因となって、彼は校舎から飛び降り自殺してしまった。

おば　なんてこと。

安部　人間って、弱いから。重い秘密を抱え込むと、誰かに話したくなっちゃうんだよね。それでも、**「アウティングはしてはいけない」**というルールが社会で共有されていて、個人間でその約束が守られれば、一人の命が失われることはなかったかもしれない。

おば　怖いなあ……。アウティングのラインがわからないんだけど、たとえば異性愛者である女性が男性に告白されたとして、友だちに相手の同意なく相談することってあるじゃない？　同性から告白された場合はそれができないってこと？

安部　そうね。カミングアウトを受けた自分以外の誰かに、その人が同性愛者であることを伝えるのはNG。仮に一人で抱えきれなくなって誰かに相談するとしても、専門家とか相談窓口にするべきだし、それが難しい場合は、必ず信頼できる人に一対一で相談すること。異性愛と違って、同性愛に対する社会の許容度はまだまだ低くてタブー視されていて、**相手が差別や偏見による不利益を被る危険性がある**から。

おば　マジョリティである異性愛と、マイノリティである同性愛では社会的に状況が違いすぎるのね。

安部　リスクがあるにもかかわらず、「カミングアウト」をするということは、相手があなたを「信頼している」ということだから。大事なのは、その信頼に対して、個人としてどう応えるかだよね。「信頼の証」に対して自分なりの信頼の返し方をする。

おば　信頼を返すって？

安部　うーん、答えやノウハウ、知りたいよね。でも、**こうすればいいってものはないんですよ。**感じ方、受け止め方は人それぞれだから。物事は相手との関係で決まる。

おば　なんか決まったノウハウがほしいけど、常にアップデートしないと、なのね。

安部　それに、信頼って個別の関係のあいだに生まれるものだから。「こうあるべき」って杓子《しゃくし》定規《じょうぎ》に対応されるのはいやでしょ？

おば　「こう言えば100点」的な模範解答をぶつけられたらげんなりするね。

安部　だからあえてはっきり言うとティップスはない。一つあるとすれば、**わからないならわからないなりに、質問をして相手のことを理解しようとすればいいんじゃ**

ないかな。セクシャリティにかかわらず、わからない者同士が手探りで関係性をつないでいくのが社会なわけだから、自分の中で勝手に完結せず、どうしてほしいか、どう思っているのか、相手のことを聞いて理解を深めていく。そこに尽きるんだよね。

おば　そうか、どんな関係も同じだよねえ。

ＬＧＢＴＱ＋は、「合意形成」の真っ最中

安部　恋愛とか友情とか、一対一の親密な関係性においては、さっき言った最低限の二つのルールを守って、あとは個別の関係を結んでいけばいいんだけど。組織とか国とか、参加する人が多ければ多いほど、もっとルールや制度が必要で、最低限求められる規範も強くなるんだよね。

たとえば、会社にＬＧＢＴＱ＋の人に対する差別的な雰囲気があったら、カミングアウトをしていなかったとしても、その属性の人たちは追い詰められて、そこで働きづらくなる可能性があるわけじゃん。

おば　だからどの属性の人も働きやすいようにするルールや制度が必要だと。

安部　そう。制度がなぜ必要かと言えば、**特定の人たちに不利益を被らせないこと**と、**制度があるがゆえに個人が思想を自由に持てるようになる**からだと思うのね。どんな性のあり方も「無条件ですべて受け止めろ!」って強制されるのは、それはそれですごく窮屈《きゅうくつ》でしょ?

おば　うん、たしかに。少しゆるさがほしいかも。

安部　だからこそ「ここからはダメ」って線引きが必要になる。その線、ルールを守っていれば、その範囲内では自由が許されるわけだから。

おば　ルールってなんとなく縛られるものって思ってたけど、自由であるためのものでもあったのか。「夫婦別姓」のときも、そう思ったな。

安部　なんでもかんでも自由ってわけにはいかないし、自由であればあるほど個人に責任が押しつけられる。それはそれで大変よ?

そうねえ。ルールを守れば何をしてもいいってわけではないと思うけど、一線を越えないために、その線は知っておきたいね。

安部　もちろん人は、男とか女とか、ゲイとかトランスジェンダーとか、ある属性だけでくくることはできない。「君はこうでしょ」ってラベリングされるのはいやじゃない？

おば　やだねえ。

安部　当事者が「私はこうだ」っていうことと、当事者以外の人が「君はこうだ」っていうことには大きな差があるわけで。個人の生きづらさが社会課題になっていく過程において、最初は少数の勇気ある当事者が声を上げるところから始まるんだよね。だんだん課題として世の中に認知されるようになったら、より多くの当事者以外の共感が必要になって、社会制度に落とし込んでいく段階ではラベリングが必要になる。

おば　ラベリングをして、カテゴリーを分けることはある程度は必要ってこと、発達障害のときにも話したよね。

安部　そうそう。障害者も、分類されたくはないだろうけど、社会制度の中で障害認定を受けることで、サポートを受けられる。「ひとり親」とか「生活保護」とか「要介護」とかもそうだよね。**サポートをすることへの「社会の合意」が取れているので、カテゴリーをつくって社会制度に組み込むことで、彼らが被る不利益を回避できる。**

おば　「ラベリング」も大事なんだね。

安部　セクシャリティにおいても、生物学的な男と女でラベリングして分けることで社会の流れをスムーズにしているし、どちらかの属性に不利益がないように制度で調整することは、結果的に個人の権利を尊重することにもなる。ただ、LGBTQ＋、特にトランスジェンダーに関してはまだそのラベリングによる**「カテゴライズ」と「制度に組み込むまでの社会合意」が未成熟なんだよね。**

おば　現に私もどうとらえていいのかよくわかってないもんな。

安部　カテゴライズをはっきりしないで、社会合意ができないまま、制度やしくみをつくるとうまくいかないんですよ。東急歌舞伎町タワーのジェンダーレストイレの事件はその象徴だよね。

おば　歌舞伎町のジェンダーレストイレ？

安部　歌舞伎町の飲食店が入るビルに、男女問わず誰でも入れるジェンダーレストイレができたんだけど。その使い方と意義が理解されないまま、男女が入れるトイレができたんで、いわゆるパパ活、売春行為が行われていたのよ。[5]

おば　うげえぇ。

5　「ジェンダーレストイレ」わずか4カ月で廃止　新宿・歌舞伎町タワー　「安心して使えない」抗議殺到の末に．東京新聞．2023-08-03．東京新聞 TOKYO Web．

安部　制度って、国家レベルのものから、組織、特定の施設までさまざまなレイヤーがあるけど、そこにいる人たちとコミュニケーションを重ねて、**取り入れることへの理解と合意を得ないと、意味がないんだよね。**取り入れる側に高い志があっても、使う人に共有されてなければ、「失敗」となって、後戻りしてしまう。

おば　いろんな立場の人がいる中で合意を得て、制度をつくるってめっちゃ大変だ……。

安部　だからルールや制度は必要なんだけど、ただつくればいいって話でもないんだよ。制度をつくるプロセスで「合意形成」が得られなければ、機能しない。**社会課題って多くの人が「これは課題だ」って合意することでやっと解決に向かうんだよね。**社会は常に動いているし、新しいカテゴリーを定義して、社会制度に組み込もうとするタイミングでは、「常識」とも言えるルールは常に変化していく。セクシャルマイノリティに関しては今その真っ只中にあるんだよね。

おば　誰かをカテゴライズするって息苦しいものかと思ってたけど、社会を前に進めてルールを整えるためには必要なことなんだね。

全員の「ベスト」はないから、「ベター」を選ぶ

安部　属性が違う人が同じ場所を共有するとか、かぎられたリソースを使うときには、どうしても利害関係が生まれる。社会の資源にはかぎりがあるから、基本的には奪い合いになる。あるカテゴリーの人が不利益を被ってきたと権利を主張すれば、**それまで利益を享受《きょうじゅ》してきたカテゴリーの人は譲歩を強要される**わけで。譲歩を強要されることへの危機感と反発は生まれてくるよね。

おば　トランスジェンダー女性が、トイレとかお風呂とか女性専用エリアを使うことを、女性が拒んでしまうみたいな？

安部　そう。誰もが多様な性のあり方を認めて、権利を侵害されないようにする。ここに反対する人はいないと思うし、合意は取れているとは思う。ただ、実際に制度に落とし込むとなると、みんなそれぞれ自分の利益に関わってくるから……。

おば　簡単にGOとは言えないよね。

安部　女性が、トランス女性とトイレや更衣室で一緒になることに「違和感」を抱

くのも事実なわけで。やっぱりみんな自分の立場とか権利を守りたいからさ。でもいろんな立場の人がいる中、自分の権利を主張するだけじゃ社会は進まないんだよね。

おば うーむ。どうしたらいいんだ?

安部 特定のカテゴリーに属する自分たちの利益を拡大することは、別の特定のカテゴリーの人たちの利益を奪うことにもなる。そのことを理解したうえで、譲歩を強要されるカテゴリーの人たちとコミュニケーションを取って社会合意を得ていくしかないよね。その代わり自分たちも別の特定のカテゴリーの人たちのために譲歩していく。**権利ばかり主張しないで、歩み寄っていくことが大事。**そのためにも、アファーマティブ・アクションが必要なんですよ。

おば アファーマティブ・アクション。強制的に差別を是正すること、だったよね?

安部 うん。アファーマティブ・アクションをすることで一時的に逆差別が生まれるんだけど、これまで優遇されてきた人たちにはその経験も必要だと思う。

おば でもそれって、逆差別をされる側から不満が出て、「負の連鎖」にならない!?

安部 なるんだよね。特に若い世代は優遇された経験もないのに逆差別をされるわけなので、不満が溜まりやすい。だからこそ「優遇される」側は、感謝の気持ちを忘れずにいたいよね。

おば　優遇される側が謙虚な姿勢でいたら、いい連鎖が起きてくるかもね。

安部　そうね。自分のカテゴリーの利益だけではなく、ほかのカテゴリーの人の利益も考慮して、多少譲歩もしながら、「フェアネスをどう担保するか」という観点から合意してルールをつくっていく必要があるってことだよね。

おば　「誰もが生きやすい社会へ」みたいなスローガンを聞くけどさ。誰もが生きやすいって、「みんなが権利を主張してハッピー」っていうよりは、**「権利を主張する代わりに、多少我慢をしたり責任を取ったりして、なんとかやっていきましょうよ」**みたいなテンションの話なのかしら？

安部　ほんとそうだね。特定のカテゴリーの誰かだけが不利益を被ることがないようにするってことかな。**みんなにとっての「最善」はない**から、よりやさしいほうへ進むための**「次善」をどう選んでいくか**ってことになるとは思う。

おば　つい答えを求めようとしちゃうけど、誰にとっても「最善」とか「最適解」ってないんだね。**ベストではないけど、ベターを選んでいけたらいい**ってことかな。

社会を知ることは、自分を知ること

安部　特にセクシャリティに関しては、非常に複雑でセンシティブでさまざまなジレンマも生じていて、現在進行形の議論なので、ここで話したことも1年後には変わっているかもしれない。

おば　たしかに複雑。私も今回こうして話を聞いただけでも、ちょっと世界の見方が変わるっていうか。私は女性なんだけど、それでも**自分のセクシャリティに関する「揺らぎ」**みたいなものを感じてる。

「男」と「女」以外に自分を当てはめるカテゴリーの選択肢が社会の側に用意されることで、「自己のアイデンティティへの理解度」も進むという側面はあるよね。

おば　アイデンティティへの理解度？

安部　だって明らかに1千年前の人類に比べたら人間の自己理解度は上がっているわけですよ。性って人間の根源的なテーマでもあるから、他者理解も必要だけど、究極的には自分がどうしたいか、個人としてどうありたいか、自分のアイデンティティは何か、自己理解が求められるんだよね。

おば　自己理解かあ。自分は女だって、理解するとか考えるとかいうレベルじゃなく、悩んだことなかったんだよね。だから女性であるってことにひもづくあらゆる選択を「自分で選んでいる」と思ってきたけど、知らず知らずのうちにジェンダーに縛られているところもあって、社会の側に「選ばされている」こともあるのかな。社会の中で培ってきた偏見とか固定観念が自分が想像している以上にたくさん私の中にもあるんだな。

安部　おれは社会課題を仕事にしているわけだけど、**社会課題をつぶさに覗《のぞ》き込んでいくと、自分の心の未熟さに気づくんですよ。自分の偏見が社会に映し出されていることを知る**っていうか。セクシャルマイノリティへの接し方とかもそうだけど、外側に答えを求めるんじゃなくて、自分はどうしたいか、自分の内側に答えを見つけなきゃいけない。社会の中では「選べる」ことばかりではなく、**ときに「あきらめる」ことも必要になってくる**わけで。社会の中で生きていくことは持久走であり、社会は簡単には変わらないからこそ、変えていく側には、ねばり強く高い自己理解が求められるんだよね。

おば　社会を知ることは、自分を知ることでもあるのかもね。話を聞いてて、自分のアイデンティティが揺さぶられるような、心の窓が開くような、そんな気がしたわ。

第6章のまとめ

- ☑ 男女格差は、特に妊娠・出産が女性のキャリアに「チャイルドペナルティ」を生じさせることに大きな要因がある。ジェンダー平等を進めるには、歴史的・身体的な性差やリスクを社会的にどう分配するかを考える必要がある。

- ☑ 性のあり方（セクシャリティ）には四つの要素があり、①生物学的性別、②性自認、③性的指向、④性表現の組み合わせで多様な形を持つ。時代や文化によっても変わる。

- ☑ カミングアウトされた際は、その信頼に応えるよう心がけるべき。一律な対応方法はない。誹謗中傷や「アウティング」は決してやってはいけない。

- ☑ 特定の人が不利益を被らないようにするためのルールや制度をつくるには、権利の主張だけではなく歩み寄りが不可欠。

テーマからの広がり

調べてみよう

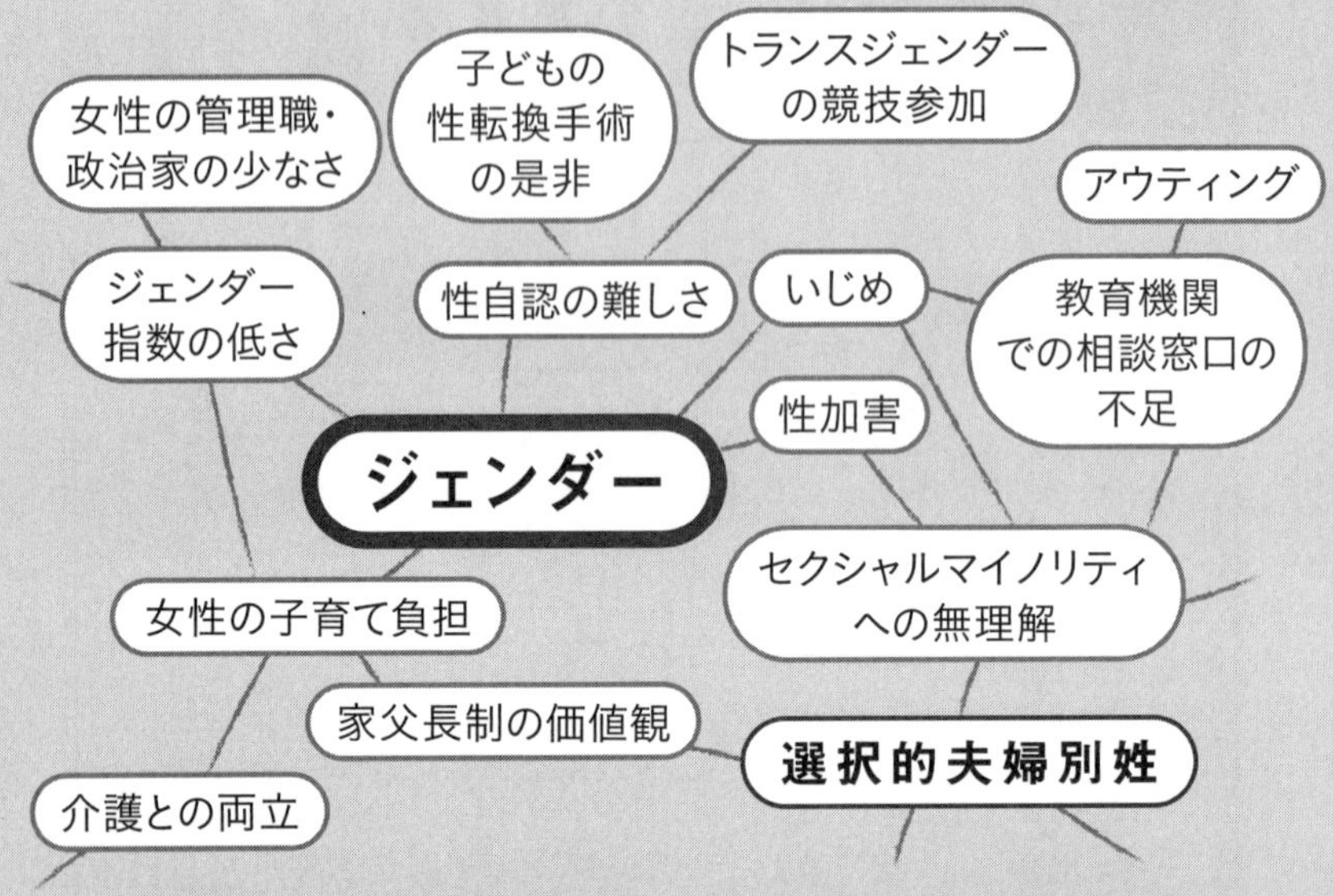

職場・学校・飲み会 無意識の差別を防ぐ

性的マイノリティへの理解は広まりつつある。一方、カミングアウトをする当事者はまだ少なく、多くの人は身近にいる当事者の存在に気づいていない。その結果、学校や職場、飲み会などでも、当事者は差別的な言動にさらされている。私たちの生活にひそむ、“無意識”の差別とはどのようなものなのか。

記事はこちら
（執筆：リディラバ）

第7章

外国人労働者

時給300円で
働いてくれる人、
いませんか？

外国人労働者なしでは生活が成り立たない？

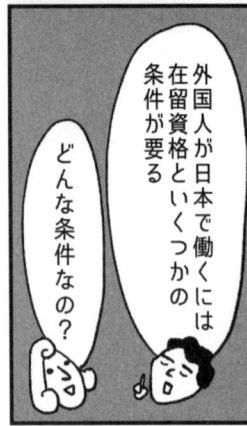

この方も…
ピッ
あの方も…
あちらの方も…
コンビニの店員さんって
いつのまにか
外国人だらけ…
あれは出稼ぎに来てるの？
彼らは留学生の可能性が高いかな
外国人が日本で働くには在留資格といくつかの条件が要る
どんな条件なの？

日本で働くことができるのは
日本人の配偶者など
在留資格 がある人※
あとは専門的
技術的な職業は
就業ビザ が
下りる場合が多いね
身近なところでいうと
インド料理屋の
インド人調理師とか
ナマステ
インド料理は専門技術
コンビニは専門性が
ないってことか
なるほど〜
工事現場って
アジア系の人が多い気がする
あれは 専門家 なの？
おそらく
外国人技能実習生
だね

※永住者・永住者の配偶者など・定住者も含む

深刻な人手不足を補う「外国人技能実習生」

安部　日本の外国人労働者の数は200万人を超えてて、そのうちの2割、約40万人が**技能実習生**なんだよね。[1] 国籍としてはベトナム人が半数で、実態としては出稼ぎに近い。

おば　技能実習生……聞いたことあるような、ないような。

安部　「外国人技能実習制度」は、2024年にやっと見直されて新制度に移行することが決まったんだけど、[2] ほんとーに闇の深い制度なのよ。

おば　闇？　実習生ってことは、日本に何かしら学びに来てたってことじゃないの？

安部　建前としてはね。外国人技能実習制度は、先進国として発展途上国の経済発展に貢献すべく、日本の技能、技術、知識を移転して「人づくり」に協力するって名目で、1993年にスタートした。もともと、日本の大企業が海外進出をするために、現地の人材を日本に呼んで技術を身につけてもらって国に帰ってもらうってことをやってたんだよ。

1　厚生労働省,（2024）,〝「外国人雇用状況」の届出状況まとめ（令和5年10月末時点）〟.

2　首相官邸,（2024）,〝外国人材の受入れ・共生に関する関係閣僚会議（第17回）〟.

おば　日本の企業が海外進出して、現地で雇用も生まれる。いい話じゃん？

安部　それが実態ならね。日本の大企業の海外進出を支援し、人材育成で国際貢献をするっていうのが名目だったんだけど、今の実態は、国内の**中小企業の人手不足を補う労働力**の調達のための制度なんだよ。

おば　ええ、真逆じゃん⁉︎　大企業の海外進出と、中小企業の国内での人手不足を補う労働者って。「技能実習生」と呼んでいいのか、もはやわかんないけど。どこで働いているの？

安部　技能実習生の職種とできる仕事はかぎられていて、農業、漁業、建設、食品製造など力仕事や単純作業が多い[3]。地方なんかは特に、技能実習生なしでは回らない現場もあるよ。人手不足を補うための制度であることは明らか。それこそコンビニも深刻な人手不足で、技能実習制度に組み込んでほしいって国に交渉してた。

おば　コンビニのレジ打ちと品出しで、「技能を教えます」ってスタンスはさすがに無理があるんじゃ……。

安部　この制度は技能を教えるんじゃなくて、人手不足を補うものって言っているようなもんだよね。

3　そのほか、繊維・衣服、機械・金属など

おば　実習生もキャリアへの希望を持って日本に来たのに、コンビニでひたすらレジ打ちって、つらいだろうな。

安部　もちろん現地にも実態は伝わってるんで、実習生たちも「学びに来る」のではなく「お金を稼ぎに来る」ってスタンスではあるんだよね。

強制労働？　人権侵害？「辞められない」技能実習制度の闇

ただ、この制度にはいろいろ問題があって「強制労働」「人権侵害」だって、国際機関やアメリカから指摘されてきたんですよ。[4]

おば　人権侵害?!

安部　実習生は現地の送り出し機関に申請して、日本の監理団体を通じて、全国各地の企業の工場、農業や漁業、建設の現場に派遣されるんだけど。技能実習制度には3〜5年の実習期間は、「同じ受け入れ先で働く」っていう決まりがあった。つまり、

4　外務省.（2022）."技能実習制度に対する国際的な指摘について".

どんなに職場がブラックでも転籍ができない。

おば　まあ私たちの時代は終身雇用が当たり前だったから、転職するっていう発想もなかったけどね。

安部　でもそれは自分で選んで入った会社で、終身雇用とはいえ辞めようと思えばいつでも辞められるわけで。技能実習生にその選択肢はなかった。

おば　技能実習生はどの職種に就きたいとか、どこで働きたいとか、選べないの？

安部　技能実習生は最初に日本語を学ぶことから始まるんで、どこで働くのかわからず、十分な情報が与えられないまま日本に来ることが多くて。そもそも職種も作業もかぎられているし、選択肢はあってないようなものだよね。

おば　どこで何をさせられるかわからないって、いつの時代の話？　って感じ。

安部　うん。やっぱり最たる人権侵害は、職場を変えられないこと。制度の性質上、受け入れる側にも「辞めないから、何をやっても大丈夫」って意識が働いて、従属関係が生まれやすいんだよ。残業させ放題、24時間稼働する工場で、朝8時から深夜0時まで働かされるみたいな。実質時給３００円とかって話を聞いたこともあるし、ひどい労働環境になりがち。もちろん中には、実際に技能実習生に技術を教えていい関係をつくっている企業もあるけど、「3〜5年の使い捨ての労働力」の感覚で受け入れているところもある。

おば　ひぃ！　人間性を疑うね。私だったら絶対その日に逃げ出すな……。

安部　実際、ひどい環境に耐えられずに失踪《しっそう》する実習生も、毎年何千人単位でいるんだよ。2022年は約9千人が失踪したからね。[5]

おば　9千人が失踪?!　行方不明になるってこと？　国に戻るっていう選択肢はないの？

安部　それが難しいんだよ。今、技能実習生の約半数はベトナム人[6]なんだけど、ベトナムの平均月収は約4万円、年収にして48万円くらい。[7]技能実習生は日本に来る際に、現地の送り出し機関に払う手数料や日本での語学習得の授業料や寮費とか、100万円くらいの借金をしてくるわけ。その借金を現地で返済しようとすると何年もかかる。技能実習生になるための借金も、どんなに過酷《かこく》でも簡単には帰国できない要因にはなっているよね。

おば　それをいいことに安い賃金で働かせる……。知れば知るほどむごすぎて、頭がくらくらしてくるんだけど。

5　「令和5年における技能実習生の失踪者数は9753人であり、これまで最も多い数となった」（出入国在留管理庁、（2024）、〝技能実習生の失踪者の状況（推移）〟。

6　2019年末時点で、ベトナム人が技能実習生全体の半数以上を占める（法務省、（2023）、〝2021年版「出入国在留管理」日本語版〟（第1部 出入国在留管理をめぐる近年の状況）。

7　日本貿易新興機関、（2022）、〝雇用はサービス業中心に微増、平均月収の増加続く（ベトナム）〟。

安部　でしょう？　だから「技能実習制度」という名前と乖離《かいり》した実態や、転籍が認められない人権侵害は国際的にもずっと問題視されてきて、２０２４年に「技能実習制度」に代わる新制度を設ける方針が決まったってわけ。「育成就労制度」と名称も変えて、就労期間も最大5年から3年。職種によって1〜2年働いて一定の要件を満たせば転籍もできるようになった。

おば　よかった。人権侵害してる国の人だと思われたくないもん。

安部　ただ人権侵害してきた事実は変わらないし、3年の移行期間を設けるとされている。新制度に移行してからも、ちゃんと労働環境が改善しているのか見ていく必要があるよね。

おば　制度が変わるからといって、まだ安心できないね。

一次産業の人手不足をどう補っていく？

安部　一方で日本の雇用主サイドからは、転籍の自由が認められることで、「人手不足が補えなくなる」という懸念の声が上がっているのも事実なんですよ。

ていうか日本って、そんなに労働力が足りてないの？

安部　足りてない。特に、これまで技能実習生が補ってきた地方の農業とか漁業とか製造業、介護とかの現場の人手が足りない。**我々が普段消費している野菜とか魚とか、スーパーで売っているものなんかはほとんど、最低賃金で働かされている技能実習生の労働力によって成り立ってきたわけです。**もはや我々の生活は技能実習生なしでは成り立たないレベル。

おば　ええ?!

安部　人材の確保と育成を目的とした新制度では、スーパーの惣菜づくりとか運送ドライバーとか、人手不足を補うために、技能実習制度では対象外だった新たな産業分野・業務も追加されたからね。

おば　そんなに人手が足りてないんだ……。

安部　地方の一次産業はかなり厳しい。だからこれから、日本人と同じように転籍ができるようになれば、けっきょくみんな都会に集まって、地方の一次産業の働き手が不足すると懸念されてるわけ。

おば　生活が成り立たなくなるのは困るけど、地方の労働力不足を、外国人労働者に押しつけてきたわけだもんね。

労働力を補うってことなら、外国人の前に、子育てで仕事を離れた女性とか、定年退職した元気な高齢者とか、もっと雇用できないの？

安部　非正規も含めれば女性と高齢者の労働人口はすでにかなり増えているし、[8]足りないのは一次産業の単純労働だから、働きたい人がいても地域を超えてマッチングする可能性は低い。

おば　働く人がいなくなって、野菜や魚が食べられなくなるのは困るしねえ……。

安部　おれはやっぱり、給与も含め地方の一次産業の現場をもっと「働きたい場所にする」しか解決の道はないと思うけどね。たとえば農業なら、**一人当たりの耕地面積を増やすこと**も大事。加えて、機械を導入して大規模化して生産性を上げる。その一方で、たとえば中山間地域では、担い手がいなくなる農業と林業とツーリズムと連動させて、小規模でも希少価値を高めて価格を上げる、とか。

8　総務省「労働力調査」より 厚生労働省.（2023）.〝男性労働者及び女性労働者のそれぞれの職業生活の動向〟）、総務省.（2022）.〝統計からみた我が国の高齢者ー「敬老の日」にちなんでー〟。ただし、女性や高齢者の労働人口も、ここからの大きな伸びは期待できない可能性もある。

そのために必要なのは、**専門性を持った起業家的な人材**なんだよね。[9]

おば　ふむ。どこかにいる起業家さ〜ん！　なんとかして〜！　……って、人任せなんだけど。

安部　むやみに人を増やすより、生産性を上げるしかないと思うわけ。今まで技能実習生で労働力を補ってきた分野、農業とか水産業とか土木建築とかって、生活の根幹を支えるもの、人々の生命につながるものだからね。

おば　建物が崩れたら危険すぎるし、米や野菜が食べられなくなったら生きていけないもんね。転籍が認められて労働環境は改善されていくとはいえ、円安で稼げないしってことで、日本に外国人労働者が来なくなる未来もありえる？

安部　過去、実際に日本に来る技能実習生の層は移り変わってきているね。少し前は中国人が多かったけど、今はベトナム人が多い。その国の中でも低所得者層が多くなっている。

おば　やっぱり距離が近いアジア諸国の人が出稼ぎに来てる感覚よね。でも日本が出稼ぎに来るのに魅力的じゃない場所にもなりつつある。ちょっとやばいんじゃない……？

9　これからの一次産業には、工夫と改善をして、ビジネス構造と労働環境を変えて生産性を上げていくビジネス人材が求められる。もちろん実際に、一次産業の構造を変えようと挑戦する起業家もいる。しかし一次産業は、既得権益も強い領域。何百万人単位で労働力が足りなくなるなか、追いつくのは難しい。

安部　技能実習生が関わる業種は、衣食住に関わる重要な分野だからね。労働環境を整えてちゃんとコミュニケーションを取っていかないと、機能しなくなる。そりゃあ消費者へのリスクは高まるよね。

おば　そうだよね。それは困っちゃう。

安部　だからやっぱり地方の一次産業の現場の生産性を上げて、給与を上げて、日本人でも働きたくなるような職場にしていく。そういう解決策を考えていく必要があるよね。でも**日本政府は、「移民政策は取らない」としたうえで、場当たり的に技能実習制度や新しい在留資格によって、外国人労働者を受け入れて人手不足を補おうとしてきた。**今回の新制度だってその延長線上にあるからね。

外国人労働者を受け入れた先の社会はどうなる？

「移民政策は取らない」スタンスとの矛盾

移民政策は取らないってどういうこと？　そもそも「移民」と「外国人労働者」の違いがよくわからないんだけど……。

安部　外国人が日本に**「定住」**することを受け入れるかどうかって話でさ。日本は基本移民は受け入れてないのね。人口が減って労働力が足りていない日本で、移民の受け入れは今後必要になってくると思うんだよ。ただおれは、誰でもなんでもＯＫとするんじゃなくて、受け入れる移民の制限や国民統合の仕方は議論していく必要があるよねって思ってる。

おば　ふうん。移民を受け入れないのはなんで？　なんだかやさしくない。

安部　**異なる文化圏の人を移民として受け入れるって、それなりにリスクがある**からね。移民を受け入れると「日本の文化がこわれる」っていう保守的な意見もあるけど、実際に移民を受け入れて統合していくっていうのは相当難易度が高い。

おば　「みんなでハッピーに暮らそうよ」って話じゃないんだ。

安部　日本で生まれ育った人の多くには、日本人っていうアイデンティティや文化があるじゃない？　別の国の特定の民族や宗教・文化圏の人たちが日本で暮らす際に、マイノリティ同士で集まって独特の自治空間みたいなものができあがっていくことがある。それが、日本の文化やルールとバッティングしたり、治安が悪化したりする可能性もあるんだよね。ルールによって守られている秩序が崩れていくわけだから。

おば　「ここは日本なので、日本のルールで」っていうわけにはいかないもの？

安部　実際に日本でも、埼玉の蕨《わらび》市・川口市に2千人くらいクルド人が暮らしていると言われていて「ワラビスタン」と呼ばれてるんだけど。彼らは日本の自治・文化に「合わせようとはしていない」と見る人もいる。騒音とかゴミ出しが論点になったりするんだよね。

おば　ゴミ出しのルールって日本人でも難しいもんねえ。

安部　国や宗教の違いによって相容れない文化があって、そこから分断が起きてしまう可能性がある。極端だけど、たとえばアフリカや中東、アジアの一部の地域では女性器切除が伝統的な慣習として行っている文化もあるわけです。世界に全女性の5パーセント、2億人[10]の経験者がいるというデータがある。

おば　は?! 女性器切除、2億人? めまいがするわ。

安部　日本の文化では人権侵害、犯罪なんだけど。それを言ったところで、「出身地域の宗教的慣習だ」って、文化を守るために抵抗とかされたらとんでもないことになっちゃうでしょ? 日本の警察も入っていけない状態にもなりかねない。

おば　それぞれのルールや正義を振りかざしたら秩序がなくなっちゃう。……それはちょっと怖いな。でも、世界には移民を受け入れている国がけっこうあるよね?

安部　たとえばヨーロッパなんてそうだけど、移民が暮らす地域によって文化圏が全然違ってるよね。ヨーロッパの場合は、歴史的に植民地支配をしてきた責任として移民を受け入れているという側面もある。

おば　たしかにヨーロッパとか海外に行くと、街によって別の国なのかってくらい人種も雰囲気も違うよね。

安部　一概《いちがい》には言えないけど、中には治安が悪化している地域もある。いずれにせ

10　ユニセフ(国連児童基金)(2024)、〝女性器切除2・3億人以上が経験　2016年比15%増、SDGs達成にほど遠く　ユニセフ新報告書で指摘〟.

よ、国の大きさも歴史も違うから、国民統合のしくみが整っていない中で、「労働不足を解決する手段という文脈だけで移民を受け入れる」ってのはリスクが高いとおれは思う。

おば　ふと思い出したけど、子どものころ、愛知県の地元にトヨタ自動車で働くブラジル人がけっこういたのよ。地元でブラジル人の子どもに日本語を教えていた友達もいたわね。

安部　日系ブラジル人はもともと日本人がブラジルに移住したのが始まりなので。文化的な交流があったうえで、その子孫たちに東海地方にまとめて来てもらって、自動車産業を下支えしてもらったわけだよね。歴史的背景もあり、企業と行政がある程度オーナーシップを持ってできたから、それなりにうまくいった。一方、今深刻な人材不足にある中小企業が大企業ほどのオーナーシップを持って、外国人労働者を受け入れるのは難しいじゃん？

おば　そうなるとやっぱり移民を受け入れていくっていうのは、ちょっと現実的ではないのか。

安部　でも、日本は実質、労働力として外国人を受け入れているわけだからね。**労働力不足を国内で補えません。でも移民は取りません。その矛盾《むじゅん》をうめる存在が、**

外国人技能実習生だっただけなんだよね。

おば　その矛盾に生じる歪みや負担を外国人技能実習生に押しつけていたわけね。でもそれがやっと見直されたんだよね？

安部　うん。30年以上放置されていた人権侵害がやっと見直されたことは前進ではあるけど、おれとしては、見直し・改善レベルではなく、技能実習制度は完全廃止して、ゼロから「移民難民基本法」をつくるべきだと考えている。けっきょく新制度でも、外国人労働者を受け入れたその先にどう社会統合していくかっていう議論は抜け落ちているから、そこには違和感がある。

おば　どう社会統合をしていくか。

安部　そう。どうやって異文化を理解し尊重していくのか？　どうやって治安を保っていくのか？　しっかり議論して、異なる文化・価値観の外国人労働者、実質上の移民を受け入れる体制を整えていかないと、日本とは違う自治区が生まれてバッティングしていくことにもなりかねない。もっと言うと、外国人ルーツの子どもたちの教育環境をどう整えていくかっていう話もある。実際に今、日本で暮らす外国人ルーツの子どもたちが経済的に厳しかったり、ちゃんと学校に行っていなかったり、情報格差、体験格差が生じている課題もあるんだよね。

おば　新制度になったからＯＫというわけではなく、まだまだ議論して改善していくべき課題はたくさんあるんだね。途方もないわ。でも今日、移民とか技能実習制度とか、自分の問題意識の低さを痛感したわ。何も知らなかったし、関心すら持ってなかったというか……。

安部　その国民の関心の低さが、矛盾を抱えたひどい技能実習制度がここまで続いてきた理由の一つでもあるよね。政治イシューって国民の関心度で決まるところがあるから。みんなの関心が低すぎると、問題にもならない。毎日の生活で恩恵は受けているのに、長らく技能実習生の存在も、制度の矛盾や問題も、見ないまま、議論されないままだったっていうね。

おば　**日ごろ、外国人労働者の恩恵を受けているなんて考えもしなかった。**外国人労働者って、自分が当事者にはなりえないからか、一見自分とは関係ない、遠いところにあるように感じてしまうけど、自分たちの生活とめっちゃつながってるんだね。支えてもらってる、というか、見えない犠牲がある。知った以上は、見て見ぬふりをしないようにしたいな。何をすればいいのかはわかんないけど……。

第7章のまとめ

☑ 外国人技能実習制度は、実質的には国内の人手不足を補うためのもので、実際には「出稼ぎ」に近い状況だった。転籍が許されなかった実習生は、劣悪な労働環境に苦しんだ。世界的に「強制労働」と「人権侵害」の問題が指摘され、2024年に新しい制度への移行が始まった。

☑ 移民の受け入れはリスクが高く、文化統合の難しさが指摘される。日本は移民政策を取らず、外国人労働者を受け入れて人手不足を補ってきたが、この矛盾は技能実習制度の問題を引き起こしていた。

☑ 外国人技能実習生に頼っていた産業・地域では、人手不足が懸念されている。今後は農業・漁業などの一次産業においても、ビジネス構造や労働環境を変えて生産性を上げていくことが重要となる。そのためには単純労働をする人材ではなく、専門性を持った起業家的な人材が求められる。

テーマからの広がり

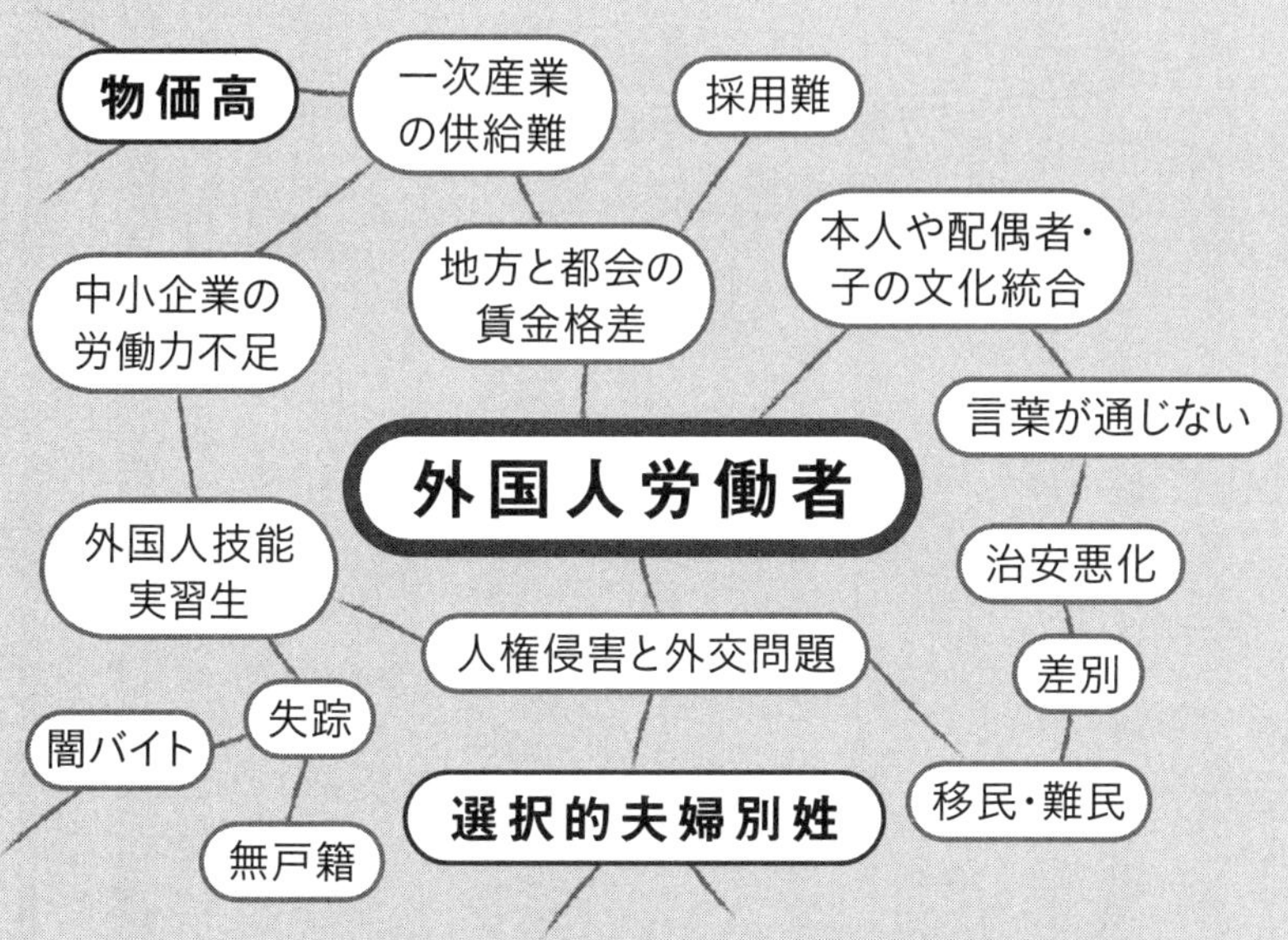

日本語も母語も苦労 ダブル・リミテッド

日本国内の外国人労働者の増加にともない、外国にルーツを持つ子どもたちは増えている。突然日本で暮らすことになる「日本語が分からない」子どもたちを、義務教育をはじめとする日本の教育は、十分にサポートできているのだろうか。保護者とのコミュニケーションについて考える。

記事はこちら
（執筆：リディラバ）

第8章

物価高

「何を買って
どう生きるか」が
社会をつくる

どうしてこんなに値上がりするの？

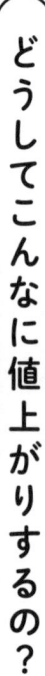

おにぎりって高くなってない？
野菜も
牛乳も…
お給料は上がらないのに
物価だけドンドン上がっていく～～！
どうなってるの～？
まぁ落ちついてよ
物の値上がりの理由には…
野菜やコメの「供給不足」
エネルギーや人件費などの「コストが上がる」
輸入品が買いづらくなる「円安」
などがあるね！
グチがロジカルに解説された…

そしてこれからは特に
深刻な一次産業の人手不足
も大問題だよ
農家はあとつぎがいないし新規参入者もいない
そうよね
うちの親戚の農家も誰もつぐ人がいないもんな
でもね大量生産型の農業は儲かってるの
北海道の更別村は農家一戸の平均年収が5千万超えてるんだよ
農家が年収5千万円？

農作物の値上がりはなぜ？
一次産業の深刻な人手不足

おば　農家が年収5千万円って、イメージなさすぎるんですけど！

安部　北海道の更別村《さらべつ》の農家は、広大な土地を使って大型機械で効率を上げて、じゃがいもとか小麦、豆とかをばんばん育ててる。彼らは日本の機械ではサイズが合わなくて、アメリカとかドイツに農業機械の買いつけに行ってるくらい。

おば　農業にもそんな世界があるんだねえ！　たしかにじゃがいもとか豆っていつもあんまり値段変わんないし、いつでも買えるイメージがあるかも。

安部　農業のイシューは中山間地域の小規模・中規模農家の高齢化と人手不足。日本って山が多いじゃん？　本州の中山間地域はそもそも段々畑が多くて、大型機械も使えないから、人の手で農作業をするしかない。

おば　北海道みたいに機械でばんばん農作業ってわけにはいかないのね。けっこうな重労働なのに、農家のじいちゃんばあちゃん大変だ。

安部　ちなみに**農家の平均年齢って68歳**とかなんだよ。どんどん高齢化して、新しい技術導入もなく、儲からないから後を継ぐ人も新規参入者もほとんどいない。

おば 会社員なら引退してる年齢が、「平均」って。

安部 中山間地域は供給量を増やすことはできないから、差別化して価格を上げていかないといけないんだよ。「出荷時期を早くして、希少価値を上げて、高く売る」とか。独自の流通網を築いたり、加工したりして付加価値をつけて農業をちゃんとビジネスとして回しているところもある。[1] でも、多くはないね。

おば 農作業するのと、そこに個別の付加価値つけて流通させるのはまったく別のスキルが必要だもんね。

安部 そう。だから農作業以外の流通から販売までまるっとすべてをＪＡ[2]が担っているわけです。ＪＡにはＪＡの規格やルールがあって全国に大量に流れていくから、農家さんが独自で付加価値をつけて、ブランド力を持って収入を上げていくってことは難しい。かといって、消費者のみなさん、値上がりには敏感だから、全体のベースの値段を高くしたら、なかなか買ってくれないじゃん。

おば 毎日の生活のことだから、10円20円の値上がりが気になっちゃうのよね〜。

安部 だから安い値段で供給して、年収２００万円とかで高齢の農家さんが歯を

1 農林水産業で生産と加工・販売を一体化し、地域資源を活用することで新たな産業の創出を目指す「６次産業化」は、アベノミクスの重点分野だった（首相官邸〝日本再興戦略 ２０１６〟）。

2 農業協同組合

食いしばって働いているって世界になってるのよ。

おば　年収200万円⁉　北海道の「5千万円」農家と格差ありすぎでは⁉　とはいえ、稼げるイメージないもんなあ。それはやりたがる人、いないだろうねえ。

日本の田園風景が消える？　気候変動の影響

でもさ、最近は農作物が値上がりしているぶん、農家さんたちの収入は上がってるんじゃないの？

安部　そういう話でもないんだよ。一農家あたりの出荷量は減っているから、儲かってない。たとえばキャベツの値上がりに影響したのは、天候による不作。農作物の値上がりの要因の一つは、近年の「気候変動」による**供給量不足**の影響も大きい。温暖化によって、日本もスコールが降って、日照りが続く熱帯モンスーン気候みたいになってきてるじゃん。

おば　東南アジアみたいな気候よね。日本の四季がなくなりそう。20〜30年前から聞いたことがあった「地球温暖化」をリアルに肌で感じる日々だよ。

安部　日照りが続くと野菜も干上がっちゃうからさ。日本の気候条件に合わせてやっていた農業が気候変動に対応しきれなくなってるんだよ。日本の農業、食卓の主役でもある米なんて、水田がないと育てられないから。日照りが続くと米も育たなくなる未来もあり得るわけで……。

おば　さすがに米が食べられなくなる未来は想像できないけど……。東京でお米が買えなくなる「米騒動」現象も起きてたもんね。焦ったわよ。

安部　インバウンド需要が高まって都内や観光地での和食人気も要因の一つだと言われているけど、やっぱり気候変動の影響が一番大きいでしょうね[3]。

おば　気候変動によって、米さえも育ちにくくなっているのか……。

安部　逆に消費量として米は減って小麦は増えているから、田んぼを畑にして小麦を生産すればいいじゃんって話もあるけど、代々築いてきた田んぼを放棄して小麦畑にしたら、もとに戻すことは相当難しいだろうね。

おば　日本の田園風景が消える?!　そこまでの田舎で育ったわけじゃないけど、田

3　実際に新潟では、雨が降らず川の水が減って海水が逆流して、田んぼに塩水が入って「塩害」が起きた事例も。米は見た目のきれいさで等級がつけられているが、コシヒカリは暑さに弱い。2023年は新潟で一等米がほとんど収穫できなかった（米どころ新潟、災害級の猛暑でコシヒカリの一等級比率が平年70％→昨年5％に　想定上回る温暖化、「新之助」は窮地を救えるか．Yahoo！ニュース．2024-08-18．）。

園風景を見ると懐かしい気持ちになる。さすがに寂《さび》しいなあ。

安部　文化的な面だけでなく、**「食の安全保障」**の面から見ても、米をちゃんとつくりつつ、国力を維持して、小麦を輸入できるようにしておくっていうのが一番だと思うけどね。さらに言うと、米の輸出ができるといいよね。いざというときには輸出を止めて、国内に回して食糧を補えるようにもできる。

おば　食の安全保障って、食料自給率とかそういうこと？

安部　そう。有事のときに自国で食料をまかなっていけるかが重要だよ。米さえしっかり育てられたら、万が一のことがあっても、米を食べて生きていけるじゃん。

おば　食べ物に困るような「有事」起きる？　全然実感がわかない。

安部　実際にロシアとウクライナが戦争を始めて、小麦やエネルギーを輸入できなくなる事態は起きているからね。米中対立だって今後どうなるかわからないし。戦争に直接巻き込まれることはなくても、関係悪化などがあると、海外頼みのものが輸入できなくなる可能性はあるよね。

エネルギー資源がない日本の電力のゆくえ

おば　はああ。たしかに小麦の価格は上がってる実感があるなあ。昔よく食べてたお菓子の袋開けて「ちっちゃっ」ってびっくりしたもん。高くなったのにサイズは小さくなってて悲しい。電気代もばかみたいに上がってるけど、ロシアとウクライナの戦争も絡んでるってこと？

安部　そうだよ。日本のエネルギーの燃料費は約9割が輸入だから。[4] その主な輸入相手が中東とロシア。戦争や円安の影響は当然受けるよね。

おば　ひえぇ、9割？　だから電気代が上がってるのか！

安部　電気代だけじゃなくて、農作物その他諸々の値上がりの要因の背景には、エネルギー燃料の高騰もある。輸送するのも機械を動かすにも、電気をつけるにも家電を使うにも何をするにも生活には電力が欠かせない。でも、100年前からずっと、日本は電力のエネルギー資源が乏しい。先進国の中ではドイツも、イタリアもね。

おば　日本、ドイツ、イタリア。どっかで聞いたことある組み合わせ。

4　2021年度の日本の自給率は13.3パーセントで、他のOECD諸国と比べても低い水準（経済産業省、（2024）、"エネルギー自給率の推移"）。

安部　日独伊《にちどくい》三国同盟だよね。少し引いて見ると、エネルギー資源に乏しい3国が第二次世界大戦で手を組んで、油田を取りに行こうとしたとも言える。エネルギー資源をめぐって戦争は起こりやすい。最近でも、戦争をしている中東やロシアは、天然ガスとか石油とかエネルギー資源があるところだよね。エネルギー資源って戦争の原因にもなりかねないんだよ。

おば　そうなのか〜。そもそも日本の電力の資源って何？　原発？

安部　日本の発電の約7割は「火力発電」で[5]、石油・石炭・天然ガスを燃料にしてる。けど火力発電は化石燃料を燃やすときに温室効果ガスを排出するから、これが温暖化に影響する。温暖化は世界的な課題だから、日本だけじゃなく各国と協調して対策していかないといけないんだけど。

おば　化石燃料が、異常気象とか農作物の不作にもつながっているわけね。夏はとんでもなく暑いから冷房をつけずにはいられないけど、みんなで電力を使いすぎると地球がもっと温暖化する可能性があるという悪循環……。

安部　そうなんだよ。で、温室効果ガスを排出しない発電方法として採用されているのが「原子力発電」。ある意味、**あまり戦争の影響を受けないで自国で発電できる方法でもある**[6]。温室効果ガスは排出しないんだけど、放射性物質を生み出すから

5　経済産業省．（2024）．“今後の火力政策について”．

6　原発は、ウランを燃料に、核分裂を起こして熱を起こし蒸気で発電機を燃やす。

安全管理がめちゃくちゃ大事。みなさんご存じの通り、東日本大震災の福島第一原子力発電所の事故では放射性物質が大量に放出されてしまった。

おば　あれは本当におそろしかった……。事故が起きるまで、原発が危険だって意識もなかったしね。

安部　事故後、原発は一度すべて止められたけど、やっぱり電力は足りないし、供給が足りないぶん価格も上がっちゃうし、致《いた》し方なく、今は一部再開されているってわけ。

おば　電気代の高騰も困るけど、原発事故はもっと怖いな。そのぶん、再生可能エネルギーに移行するって道はないの？

安部　**再生可能エネルギーは、発電コストだけを見ると、実は技術革新によって原発よりは安いところまで来ている。**[7] エネルギー供給が安定すれば、一番可能性があるとは思う。

おば　じゃあどんどん進めればよくない？

安部　ただ、やっぱりどうしても自然環境に左右されるからね。**再エネの難しさは、蓄電と送電。** エネルギーを溜めておくのが難しいし、地方で蓄えたエネルギーを東京とか消費地に送る送電網の拡充には大きなコストがかかる。それが実現しないと、

7　「原発は再エネより高い」専門家が国会で示したデータ，毎日新聞，2024-05-21，毎日新聞デジタル．

けっきょく我々が使いたいときに電気が使えない。再エネは生活する人間にとって利便性がよくないのよ。

おば　太陽が明るい日中に、太陽光で発電して電気ついても意味ないもんね。

安部　エネルギー保存という点では「揚水《ようすい》発電」が優秀だね。ダムの水をくみ上げて上に溜めて、電気が必要なときに落としてタービンを回して発電をするという。

おば　揚水発電は初耳。

安部　水力発電の一つだよ。古典的かつ優秀なエネルギー保存のやり方なんだけど、なかなか設備をつくれる場所がない。だから増やしていくという検討は進んでないんだよね。海や湖の上に風車を建てる「洋上風力発電」も注目されてはいるけど、建設は技術的にも難易度が高いし、初期投資のコストが桁違《けたちが》い。事業性の目途が立ちづらいんだよね。[8] とはいえ原発だって、動いてなくても廃炉しないかぎりお金はかかってるんだから、決めの問題ではあると思う。

おば　現状は**エネルギー資源を輸入して、二酸化炭素を排出して、放射性物質の危険にもさらされながら、電気を使ってる**ってことだもんね。安定的に電力が供給されるってこと以外、いいことないわね。

8　日本では事業性の目処が立たないとされていたが（国立環境研究所、（2010）〝セイリング型洋上風力発電システム構想〟）、2022年12月に秋田、2024年に北海道で、商業用稼働が開始された。総事業費はそれぞれ約1000億円、約800億円（朝日新聞SDGs ACTION!、（2024）〝洋上風力発電とは？ メリット・デメリットや日本の現状、取り組みを紹介〟）。

安部　とはいえ我々人間にとっては、**安定的に電力が供給されるってことは大きな価値**だから。火力発電に原発、再生可能エネルギーも含めて複数の電力をポートフォリオ的に活用してるから安定している側面があって。選択肢を減らして何か一つに頼る形になればそのぶん電力が不足するリスクは高まる。電力の安定、その代償をどう考えるか、だね。

おば　地球温暖化に原発事故……。

安部　逆に、安定的にエネルギーが供給されないリスクを取れるのか。

おば　暑い夏にクーラーが使えないとか、夜に電気がつかないとか？　工場が止まっちゃって食料が届かないとか？　……ちょっと想像しただけで、不便すぎるな。

安部　電力が止まると命にも関わる。火力発電も原発も使い続ける代償が大きいことは明らかなんだけど、じゃあ止めたときの電力、その先にある生活をどうするかっていう議論なしにはなかなか進めないよね。エネルギー資源を取りに行くために戦争が起きる可能性だってゼロではないわけで。

おば　あんな事故映像ずっと見せられた以上、原発は反対って思ってたけど。止めた先のことまでは考えてなかったなあ。

安部　そういう人は多いと思うよ。
別の側面から見ても、毎年数十兆円のエネルギー燃料を輸入してるってことは、お金がどんどん外に流れていくってことでもあるから。**今後電化が進み、さらにAIが活用されるようになれば、データセンターネットワークが必要で電力ニーズはどんどん高まっていく。**この先も電力は絶対必要で、エネルギー燃料を海外に依存し続けるのは、日本の国力が弱まっていくことにも通じる可能性が高い。その点も踏まえて議論しなきゃいけないんだよなー。

進む円安。日本、大丈夫なの？

Google、Amazon、Netflix、新NISA。デジタル赤字は止まらない

さっきからちらほら出てくるけど、「国力が弱まる」って具体的にどういうことなのさ？

安部　いろんな側面があって一概には言えないけど、円安がめちゃくちゃ進んでるじゃん。

おば　ほんとに！　海外行けないし、輸入品にも手が出ません。

安部　あらゆるものの値上げは、**円安**の影響も大きいんだよ。直接的なものじゃなくても、国産の農作物の肥料だって、輸入に頼っているものも多いから。和牛が食べているエサは海外から来てるものがほとんどだし。

おば　目に見えないところでも円安の影響がビシバシと……にしても、なんでこんな円安になっちゃってるわけ？

安部　超ざっくり言えば、貿易において、日本に他国がほしいものがあれば、日本円で買わないといけないから、日本円の価値が高まって「円高」になる。逆に日本にほしいものがなければ、円は必要ないから価値が下がって「円安」になる。

おば　**海外から見て、日本にほしいものがないんだ。**

安部　みなさんもそうでしょう？　知らないけど、Amazonで買い物して、iPhone持って、Netflixで映画観て、写真を保存するためにGoogleに月数百円とか払っているんじゃないですか？　それぜーんぶ企業を通してアメリカの税金になっているわけだから。

おば　……え？　私それぜんぶ使ってる。アメリカに超貢献してるってこと？

安部　そうだよ。デジタル分野なんてそりゃあもう毎年兆円単位の超貿易赤字。[9] エネルギーの貿易赤字に迫る勢い。つまり輸出するより輸入するものが多い。デジタルはサーバーからサブスク、ハード機器まで海外に依存してるわけです。

おば　輸出とか輸入とかって船とか飛行機で海を渡るイメージだったけど、私たち、日々の生活の中でアメリカにお金を流しているのね！　そんな実感まったくなかったわ。

安部　15年前は日本製が主流だったんですよ。みんな富士通《ふじつう》やＮＥＣのパソコン使ってたでしょ？　かつては白物家電に半導体、日本から海外へ売るものがたくさんあった。けど今は、海外で売れる魅力的な日本のものがほとんどない。唯一勢いがあるのは観光、インバウンド事業だね。

おば　ホテルも観光地も外国人ばっかりだもんね～。

安部　一応まだ自動車産業や一部の機械・鉄鋼産業なんかは踏ん張っているけど、外貨獲得という意味で伸びが期待できるのはインバウンド。それ以外の分野では日

9　２０２３年のデジタル関連収支は、５．５兆円の赤字（日本銀行．（２０２４）．〝国際収支統計〟）。参考までに、２０２３年は貿易収支も同規模の６．６兆円の赤字だった（財務省．（２０２４）．〝令和５年中 国際収支状況（速報）の概要〟）。

本円が外に流れて、貿易赤字が大きくなるばかり。
さらには新NISAも始まって、みなさん日本の銀行にお金を預けず、海外企業に投資してるでしょう？

おば　私、新NISAは米国株に投資してるし、なんならドル建て保険に入ってます。

安部　そうやってみなさん円を売り払って、ドルにしているわけです。年金が機能しないからって国が推し進めているNISAは「キャピタルフライト」のトリガーになっていると思う。円安の要因になっているという見方もあるよね。

おば　何フライト？　何か飛んでいくの？

安部　キャピタルフライト、資本逃避。経済・金融が弱くなった国から別の国にお金を移すことだね。NISAによって誰でも簡単にお得に投資ができるようになって、みんな意識的か無意識的か、日本株より米国株を買って、日本から海外にお金を移しているわけです。

私、無意識のうちに、海外にヒューヒューお金飛ばしてたわ。

日本からGAFAを生み出せるか

安部　今後さらに、手軽に金利が高い海外に銀行口座を移せるようになる可能性もある。日本から海外に預金口座を移すだけで0・01パーセントの金利が4パーセントになるって言われたら乗り換えるでしょ？　そしたら買い物、投資、預金という形でキャピタルフライトが起きていく。それを防ぐために日本が今はかぎりなくゼロに近い金利を上げたら、そのぶん国の借金が増える。

おば　きゃー。日本、大丈夫なの⁉

安部　このまま円安が進みすぎて、国の借金が増えて、財政悪化を補うためにお金を刷れば**「ハイパーインフレ」**[10]が起きるという未来のシナリオもあるでしょうね。

おば　ハイパーインフレって何？

安部　ハイパーインフレは、物価が上がって、紙幣の価値が急激に下がること。具体的には「おにぎり1個100万円です」みたいなことが起きる。

おば　え、意味わかんない。そんなの何も買えないじゃん。

安部　そこに対抗するシナリオとして一番建設的なのは、日本にGAFA（Google、Apple、Facebook（現メタ）、Amazon）に匹敵するようなグローバル企業ができて、日本人も日本の株を持って、海外からもキャッシュが入ってくる状況になるってことだけど、その気運はあんまりないよね。

おば　ちょっとそこは異次元だよねえ。けど海外に我々ががんがんお金流しちゃってるぶん、戻さないとってことよねえ。

安部　そう。もう一つ、国内経済的には、日本の中で消費活動が盛んに行われて景気がよくなって、そのぶん賃金が上がるっていうサイクルが起きるのが一番ハッピーなシナリオなんだけど。日本は賃上げされてもそのぶん社会保険料でがっつり引か

10　円安が進むと、輸入したくてもお金が足りなくなるため、国内で貨幣を大量に刷る。紙幣を大量に発行すると、国内の紙幣の供給量が増えて、ものの価値が上がって物価が急激に高くなる。その一方で、日本の国債の信用は低くなるので、日本円の価値がどんどん下がっていく。これが簡単な「ハイパーインフレ」が起こるシナリオだ。仮にハイパーインフレが起きるとするなら、貯金する意味はなくなるだろう。

れるっていうからくりがあるから。賃金が上がっても、手取りが上がらない。**社会保険料のトリック**があるかぎり、なかなか難しいだろうね。

社会保険料のトリックって？　いつもお給料からしれっと引き落とされてて、からくりがよくわかってないのよね。

安部　社会保険料にはいくつか特徴があって。一つ目は、保険料を上げることが国会ではなく厚生労働省で決められるので、**大々的な話題にならないこと**。国民もよく知らないまま、しれっと引き上げ続けられているんだよね。

二つ目は、労《ろう》使《し》折半《せっぱん》で**被保険者と同等の金額を企業も払うこと**。社会保険料が上がると、社員の手取りは減って、企業の人件費は増えることになる。つまり賃上げのハードルは高くなるわけです。しかも国民は、徴収されている金額が「差し引かれている金額の2倍」ってことに気づきにくい。

三つ目は**逆進性が高いこと**。一人当たりが支払う社会保険料の上限が決まっているから、ある一定ラインを超えれば、「稼いだ人ほど多く払う」ってことにはならない。

おば　企業努力で賃金を上げたとしても、社会保険料として持っていかれて、手取りが増えなければ、消費する気にもならないわよねえ。

何を選んで、どう生きるのか

おば　なんかさ、私たちも社会保険料なり税金なりで、国にお金を払っているわけだけど、国ってどうお金を集めて、どう使うかってことで成り立っているのね。会社の経営みたい。

安部　まさに国家って、経営視点で見ると、税金なり貿易なりで「どう稼いで、どう国民に再分配するか」、そのバランスで存続しているんだよね。歴史的に見ると、国家の衰退期が始まる前にはどうしても再分配が増える。

おば　国家の衰退期?!

安部　ローマ帝国でも清国でも江戸幕府でも、栄華《えいが》を極めたときに気前よく再分配をして、国民は豊かになる。豊かな経験をした国民はその水準を下げることに抵抗するから、国が稼げなくなったときに、身の丈以上の再分配が起きて破綻していくんです。**今の日本も、高度経済成長期を経て豊かさを経験して、そこから生活水準を下げられないまま、社会課題に伴う再分配は増え続けている。**

おば　今の日本も？　再分配が増え続けているのはどうして？

安部　超高齢化かつ少子化で、未曾有《みぞう》の「人口減」時代だから。戦後は、現役世代の税収で十分なリソースが確保できていたから、**行政が中心になって社会課題が解決できたんです**。でも今は、現役世代からの税収で、社会課題解決はとてもじゃないけど担えない。つまり政府・自治体の主導で社会課題を解決するのは限界なんです。

おば　**社会課題は山積みなのに、解決するリソースが足りてない**ってことね。

安部　さらに、特定の社会課題解決に向けて活動しているNPO団体も高齢化が進んでるんだよね。社会課題解決に取り組む担い手はこれから減少していく可能性が高いわけです。[11]

おば　政府や自治体、特定のNPO団体に任せておけば大丈夫っていう時代じゃないのね〜。まあ、薄々感じていましたが。

安部　だから、一人一人がリスクを取って「社会経営」をしていかなきゃいけないんだよね。

おば　社会経営は国とか政治家がやるものじゃないの？

11　1998年に「NPO法」ができて、NPO団体における社会活動が広がった。98年以降NPO団体の数は右肩上がりで、2017年をピーク時は5万件を超えていた。しかしNPO団体の高齢化が進んで、経営がうまく回らず事業継承ができないまま、2023年には5万件を切っている（内閣府.（2024）.〝特定非営利活動法人の認定数の推移〟）。

社会経営はおばちゃんも含む国民みんなでやるものでしょう。民主主義なんだから。

おば　その自覚はなかったわ。どうも国のことになると事が大きすぎて、他人事になっちゃうんだよな〜。

安部　リスクを取らずに権利を主張して、再分配だけを「くれくれ」というスタンスの人が増えていったら国は成り立たないから。一人一人が民主主義の当事者として、主体的である必要があるんだよね。

おば　うーん。耳が痛いわ。主体性を持って社会経営をしていくって、具体的に何をすればいいの？　政治家にはなれないし、なる気もないし。

安部　身近なところで言うと、**「消費」「視聴」「投票」「寄付」**でしょうね。日々の生活の中で、何を買って、どんな番組から情報を得て、どの政党に投票し、どこに寄付を行うかを主体的に意志を持って選ぶ。

おば　普段あんまり意識していないけど……。

安部　企業の存続は消費における売り上げで決まるし、メディアのコントロールも視聴率の影響が大きいから、実は我々が選べるんだよね。もちろん選挙で政治を託すリーダーも選べるわけだし、寄付もある意味投票だよね。控除のある寄付は、税金の行き先を国ではなく自分で決めていいですよって制度だからね。

おば 自分が何を選んでどう生きるかってことが、社会のあり方にぜんぶつながっているってことかあ。値上げの要因も自分の日ごろの行為が無関係ではないわけだし。当たり前のことなんだけど、全然その自覚がなかった。

安部 そこに気づいているだけでも、社会経営をしていく初めの一歩だと思うんだよね。

第8章のまとめ

- 農作物の値上がりは、①供給不足と一次産業の深刻な人手不足、②エネルギーなどのコスト増、③円安が主な原因。特に農家の高齢化と気候変動が影響し、農業生産が困難になってきている。
- 日本の電力の約9割が輸入に依存しており、その影響で電気代が上昇している。再生可能エネルギーの導入にはコスト面と技術面に課題があり、エネルギー政策の選択は難しい。
- 新NISA制度や海外製品・サービスの購入によるキャピタルフライトが進み、円安が加速している。特にデジタル分野での赤字が大きく、海外にお金が流出している。輸入品の価格が上昇するなど、日本の経済的リスクは高まっている。
- 消費・視聴・投票・寄付は、社会のあり方に個人が具体的にかかわることのできる行動だ。

テーマからの広がり

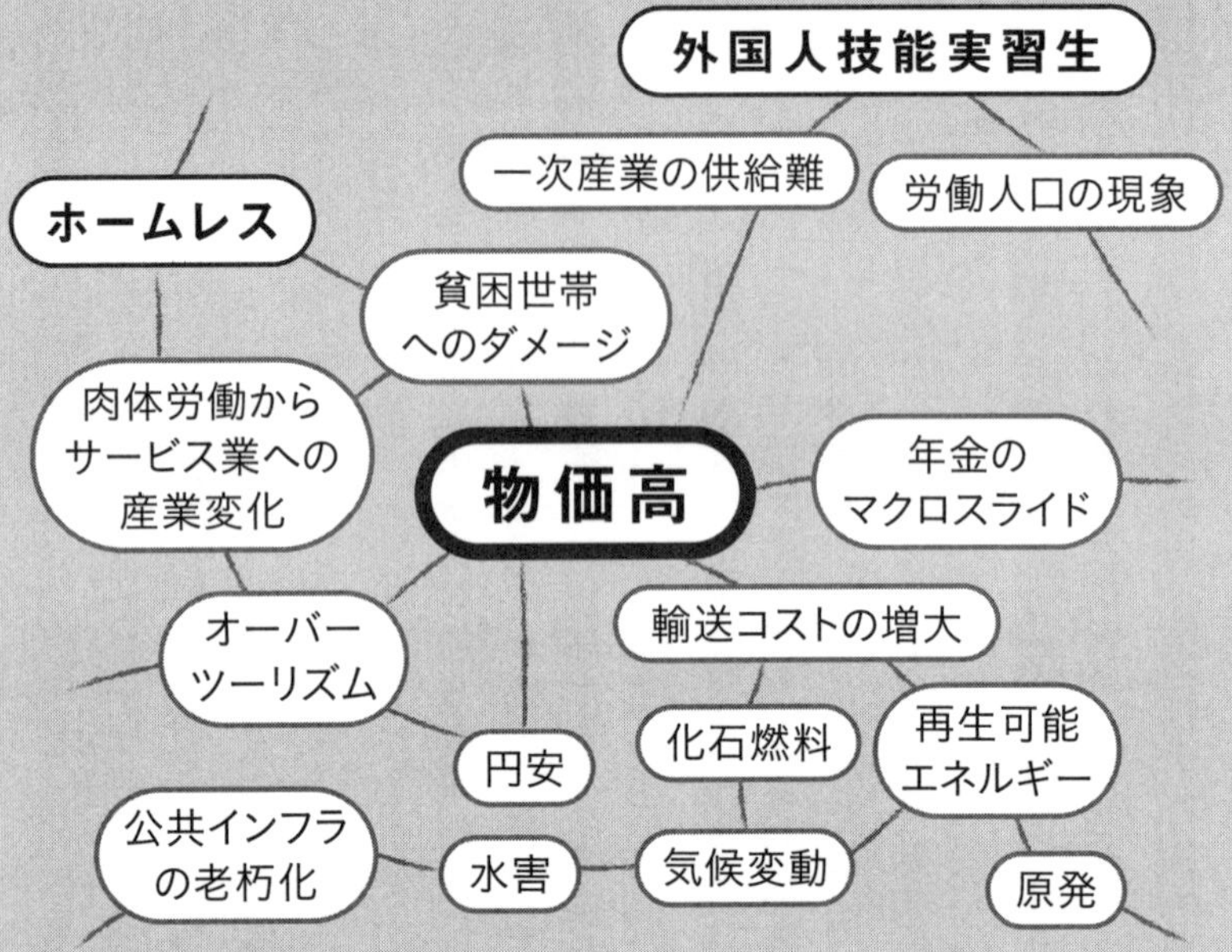

→ 食品ロス

「1〜2トンはしょうがない」。スーパーやコンビニの売れ残りなど、本当は食べられる食品が捨てられてしまう「食品ロス」。野菜やお米の生産から加工、販売にいたるまで、食品ロスは生じている。背景には、食品業界のとあるルールがあった。エネルギー問題や食料価格の高騰と併せ、読んでみてほしい。

記事はこちら
（執筆：リディラバ）

最終章

社会の「無関心」を打破したい

どうして私たちはこんなにも無関心なの？

日本はゆるやかな階級社会？

おば　なんかさ、ここまであんたと話をしてきて、ホームレスとか外国人労働者とか、自分とは違う立場にいる人たちのことをあんまり考えてこなかったなあって思うのよ。実際、知らないことばっかりだったし。そもそも知ろうともしてなかったっていうか。

安部　つまり無関心だった。まあ、仕方ないよ。

おば　うん。そもそも、どうして私たちはこんなにも社会課題に関心がないんだろうね？

安部　課題を感じてないってことは、**生きづらさを感じてない**ってことだから、ある意味幸せなのかもしれない。そういう意味では、**社会課題に関心がないのは、自分が社会課題の当事者になっていない**っていうのは大きいでしょうね。

おば　困りごとを抱えてないってこと？

安部　そう。寄付文化のあるイギリスをはじめとして、恵まれたお金持ちよりも、**お金はないけど何かしらの困りごとがある当事者のほうが寄付をする確率が高い**っていうデータがあるんだよね。[1]実際に日本でも、経済成長期の恵まれた時代を生きてきた上の世代よりも、生まれたときから不景気の若い世代のほうが、社会的な意識が高いじゃない？　**社会の中で自分が何かしらの生きづらさを感じる当事者は、ほかの課題にも関心を持ちやすい**って側面はあると思う。

おば　私もこう見えて日々悩んでいるし、困っていることもあるんだけど……。

安部　それは誰しもがそうなんだけど。日本はけっこう学歴社会で、就職先や結婚相手など、そこにひもづいてその後の環境が決まっていくケースが多い。そしてその人がいる環境によって、格差が生じてしまうことはあると思うんだよね。おばちゃんの周りにホームレスはいないでしょう？

おば　さすがにいないねえ。

安部　そうやって**社会が階層化**して、自分とは「違う」人たちとの距離が生じると、無関心は生まれやすいよね。

おば　階層化？　階級社会になっているってこと？

1　「いくつかの研究では、収入が増えるにつれて寄付金額が減少していくことを示す。最も貧しい人々と最も豊かな人々が、最も多くの割合を寄付に費やすことを示す研究もある」(竹部成崇(2021).なぜ貧しい人ほど寄付をするのか―金銭的欠乏感と利他的動機づけが寄付意図に及ぼす影響―.コミュニケーション文化論集,19,233-254.)。

安部　日本はゆるやかに階級社会に向かっていると思うね。高学歴な人は高学歴な人と、高卒の人は高卒の人と、外国人労働者は外国人労働者とって、学歴や収入、生活水準が同じ人たちとしかなかなか交わることはない。

おば　たしかにねえ。うちの会社も基本大卒ばっかりだし。

安部　もともと日本は戦前、階級社会だったけど、戦争をきっかけにある程度財閥も解体されて、農地改革も進んで、階級はかなりの部分でリセットされた。仮にスタート地点が悪くても一発逆転ができたし、高度成長期を経て、〝一億総中流社会〟と言われたわけだよね。

おば　お母さんが専業主婦でお父さんがサラリーマンで、割合みんな似たような家庭環境だったような気もするね。

安部　農家の子として生まれて学歴のない田中角栄《たなかかくえい》が総理大臣になっていた時代があったわけだから。でも今の日本は政治家も生まれたときからお金持ちの世襲《せしゅう》ばかり。

おば　政治家にかぎらず、どんな家庭に生まれるかの差は大きいよね。

安部　大きすぎる。前に、東大進学が当たり前の鹿児島の高校に講演に行ったときに、ある生徒が「私たちは親ガチャＳＳＳＳＲだ」と言っててね。ゲームで言えば超いいランクにいるってことだけど。自分が親に恵まれていることを自覚していて、おれは好感を持ったけど、ほんとにそうなんだよなあ。

おば　たしかに進学にはお金もかかるから、どんな教育を受けられるかは親の経済力次第ってところはあるよね。

安部　当たり前に大学に進学してきた人たちは、家庭がなくて進学ができない人たちと交わることもなければ、その状況を想像すらできないじゃない。そういう社会の階層に「無関心」の構造があるとおれは思うんだよね。

メディアを通して、人々の「関心」はどこに集まる？

安部　あとはやっぱりメディアの影響は大きいよね。人々が社会課題に無関心なのは。

おば　メディア？

安部　人々の「関心」って物事を動かしていくときのガソリンにもなる重要なリソースなんだけど、有限でもあるんだよね。その人が「関心ごと」に使える時間はかぎられているから。で、人々の注目を集めるって意味ではメディアの力が作用するわけだよね。

おば たしかにメディアで連日取り上げられていたら気になっちゃうし、自然と話題にもなるもんね。

安部 だけど、たとえば「選挙特番」って今、選挙が終わったあとに放送するんですよ。この政党の政治家はこんな人だとかこういう公約を持っているとか。でもその情報、ほんとは投票前に知りたいじゃん。

おば たしかに後出しされてもねえ。実際、いつも誰に投票していいかよくわからないまま当日を迎えてる。言われてみれば、放送後のテレビとかラジオでそうだったんだ！ って知ることも多いね。

安部 でしょう？ 投票後に選挙特番をするのは、メディアが勝手に萎縮《いしゅく》しているからなんだよね。選挙においてメディアは「公平」でなければいけない。昔は一政党当たり何分って「量的な公平さ」を測っていたんだけど、今は放送法の解釈で「質的な公平さ」が求められるようになった。でも、そんなの誰にも測れないわけです。「表現の自由」を保障する放送法もけっきょく国が管轄しているわけだし、責められるくらいなら、放送自体をやめちゃいましょうっていう流れができた。
おば　さすがにそれ、メディアの人たちやる気なさすぎじゃない？
安部　やる気というよりは、メディア側に経済的な体力がなくなったことが大きいよね。体力がないと権力とぶつかるリスクを取らなくなる。新聞は購読者が減って、資金力が落ちた。記者を雇うのも取材をするのもタダじゃないから、粘り強い取材でスクープを取る、調査報道をするってことができなくなっている。テレビも週刊誌もそう。
おば　新聞も取ってないし、週刊誌も買わないねえ。今どきのおばちゃん、SNSばっかり見てる。
安部　しかもSNSが勃興《ぼっこう》してからは「アテンションエコノミー」っていう言葉があるけど、**情報の質うんぬんよりも、とにかく人々の注目の数を集めたほうが稼げるようになった。**その点、過激なスキャンダルのほうが都合いいんだよね。
おば　どうでもいいって思いながらも、芸能人の不倫情報とか炎上案件もつい見にいっちゃう。野次馬根性が働いちゃうっていうか。
安部　だからけっきょく、メディアで情報を得る側の**購読者なり視聴者なりが、そ**

ういう報道を「選んでる」ってことなんだよね。芸能人の不倫がスクープになって、注目が集まってお金が稼げるから、メディアもそれを追いかける。自分たちの貴重な「関心」を、政治を誰に託すかってことより、芸能人のプライベートに注いでいるわけだから。

おば　自分たちが選んでいる……。

安部　社会課題を解決していく最大の資源である**人々の「関心」をどこに流し込むか**ってことを、**メディア側も、情報を受け取る側も意識しなきゃいけない**んだけど、できていない。

もっと言えば、テレビなりＷＥＢなりメディア空間の中で、社会的論点に関する深いディスカッションができる構造にもなっていない。テレビに出るコメンテーターたちも、踏み込んで切り取られて炎上しても困るから、当たり障《さわ》りのないことを言っていたほうが楽だからね。

おば　テレビの発言をＳＮＳで拾って揚《あ》げ足を取る文化、なんなんだろうね。

安部　ああなると、下手なことは言えないよね。その一方で、アテンションエコノミーが構築されていると、過激な論を展開する人に注目が集まるわけで。過激な発信をして炎上をするか、当たり障りのないことを発信をして波風を立てないか。言論という領域において、その二極化が進んで、議論が深まらない。穏健《おんけん》でまっとうな議論をしようとする人たちは退去せざるを得なくなってしまう構造があるんだよ。

おば　ネット空間は過激な発言とかわかりやすい答えとか、目立った者勝ちの世界になりつつあるもんね。

安部　テレビは今もまだマスメディアとしての影響力がそれなりにあるわけだけど、政府とのあいだだけでなく、出演するコメンテーターとの間にも緊張関係がないんだよね。タレントを中心とした演者も自分の収入の基盤がテレビにあるから、メディア側になかなかノーとは言えなかったりして。仕事がなくなったら困るわけだから。

おば　忖度《そんたく》しちゃうわね。

安部　経済基盤が揺らいでいるがゆえに、政府に忖度しているメディアと、そのメディアに忖度しているコメンテーターが増えて、政治的・社会的な議論がなされないと。そうやって、メディアと論者の事勿《ことなか》れ主義が進むと、社会的イシューの深い議論や分析はなされなくなって、人々の関心も別の領域に流れていくわけです。

やさしい関心のネットワークを広げるイノベーション

当事者が周りにいないことと、触れる情報によって、私たちの関心が社会課題に集まりにくくなっている構造があるわけね。

安部　一方でそうやって「社会課題なんて自分には関係ない」と思っている人たちが「あれ、そうでもないんじゃないか？」と思えることも大事。つまり「無関心の打破」ができれば、〝やさしい関心のネットワーク〟が広がる社会になると思ってるんだよね。

おば　やさしい関心のネットワーク？

安部　多くの社会課題の当事者に対して、「無関心な傍観者《ぼうかんしゃ》」があふれた社会では、誰も手を差し伸べることなく「自己責任」を押しつけてしまう。でも、これまで話してきたように、当事者の自己責任ではどうにもならない状況にあるわけで。

「かわいそうだから」とかでもなく、支援者と被支援者という立場でもなく、**ちょっ**

と気にかけて、ほどよい距離で見守りながら、いざというときに声をかけて手を差し伸べる。地域、社会の中でやさしい関心を持った人と人とのつながりがあれば、心理的安全性が確保されて、社会はだいぶ生きやすくはなるよね。「自由」や「自己責任」って安心が土台にあって成り立つものだと思うから。

おば 私さ、ちょっと前に高熱が出て家で一人寝込んでたのよ。夫も出張中で息子もいなくてさ。そしたら、近所のママ友が玄関にドリンクとかゼリーを置いておいてくれてね。やさしさが染みて安心して休めたし、そのママに何かあったら私も駆けつけようと思ったわ。で、ふたりでおばあちゃんになっても支え合おうって話したんだけど。これってやさしい関心のネットワークじゃない？

安部 そうだね。その〝やさしい関心のネットワーク〟を社会に広げていこうと思ったときに、人にやさしくしましょうっていうスローガンだけでは成立しなくて。おれは**「社会の構造」を人にやさしい方向に設計**していくのがいいと思っているんだよね。

おば 人にやさしい社会の構造ってたとえばどんなもの？

安部 たとえば民間との協働。今、地方の公共交通は利用者が少なくなって廃業せざるを得ない状況にあったりする。でも、公共交通手段がなくなったら、車を運転できない高齢者は困るし、外に出なくなることで認知症が進むかもしれない。経済合理性で見て公共交通を止めちゃうのは、人にやさしくない社会じゃない？ かといって場当たり的に赤字を補助金で補填《ほてん》すると、黒字に転じたら補助金が減るので、企業も努力しなくなって続かない。

おば 利用者が少なくたって補助金がもらえちゃうなら、私だったらがんばらない。

安部 それをどう「構造」で解決するか。公共交通を残すことで、高齢者の外出が増えて認知症が予防できる。そのぶんで浮いた医療費をもとに、たとえば、乗車する一人当たりの運賃を倍にして、定期利用する高齢者側に対してその差額を補助する。そうすれば、企業側も利用者を増やす努力をするでしょう。[2]

おば そうすれば、バス会社も潤うし、高齢者だけじゃなく、きっとそこに暮らす人は助かるね。

安部 これまで社会課題領域には、国が税金を集めて「再分配」をしてきたわけだけど、そこに限界が生じている今、その一部を民間と協働して事業化し、**産業にしていく**必要があると思うんだよね。ただ、そのときに欠けてはならないのは「社会

2 たとえば企業に対する補助金ではなく、サービスの成果に応じたインセンティブを政府が民間に支払うペイフォーサクセス（PFS）型でフォローする、など。

がやさしいほうへ」進むってこと。**ゴールは特定の誰かの私利私欲ではなく、「みんなの幸せ」にある**ということ。

おば　儲からないからといって、公共交通を止めちゃうことは、やさしくないもんね。

安部　ほかにも個人一人ひとりにメリットのあるしくみづくりは、「人にやさしい社会の構造」につながる。たとえば、高齢化社会の日本は莫大な医療費がかかっているんだけど、高齢者の医療費を下げるピンピンコロリを実現するためには、予防的なアクションが鍵になる。

おば　予防って、きちんと食事をとって、しっかり寝て、運動をするみたいなこと？

安部　まさにそういう日常的な予防もあるんだけど、早期発見で重症化を予防できることもある。具体例として、乳がんを発見するタイミングは、初期治療群か、ステージ4かでは治る確率が圧倒的に違う。**医療費も年間当たり約430万円の差があるというデータもある。**[3]予防医学の観点でいえば、一般健診には含まれない乳がん検診の受診者数が増えれば、ステージ1で早期発見できる確率が上がる。早期発見できればそのぶん、個人と国が負担する医療費も下がるわけだよね。

おば　それは本人も家族も、国もみんながハッピーだね。

3　5年間の総医療費の平均値（京都大学がん診療実態WG・株式会社キャンサースキャン，"乳がんの医療費に関する検討"）。

安部　そこに注目して、ある自治体で乳がん検診を啓発するために、対象者に配布するチラシや病院や街の掲示板に貼るポスターのデザインを、成果連動型で民間に委託したのね。デザインのレベルが高かったから、40歳以上の女性が健診を受ける率が高くなった。デザインをした民間のチームには、税金を原資に役所が成果報酬を支払ったわけだけど、その先にかかる医療費を考えると損しないどころかプラスだよね。

おば　早期発見の確率が上がって、医療費は下がる。

安部　乳がん以外にも認知症とかあらゆる病気における予防医学の研究があるので、そのデータをもとに早期介入して予防し、医療費を下げていくっていうのは機能するはずで。これから創薬含めいろんな研究が進んでいくと思うので、予防医学を社会実装していく。

おば　病気になってからお金をかけるより、病気になる前に予防したほうがいいもんね！　と言いつつ、まだ問題になっていないことへの「予防」って意識が高くないとなかなかできないんだけど。

安部　**だからこそ、テクノロジーも使いながら、社会のしくみに落とし込んでいけ**

るといいよね。**個人だけでなく、社会全体にもメリットがあるんだから。**

おば　個人は病気を予防できて、社会は医療費が抑えられたら最高じゃん。

安部　乳がんの事例のように、初期段階での「検知」と「介入」をあらゆる社会課題領域でやっていけば、社会的な便益が上がり、コストが下がるっていうことは実現できるはず。その予防事業を国が担えないのであれば、**実現した民間企業に報酬を支払う。**病気になってからかかる莫大な医療費が浮くわけだから、報酬を払ったとしても国も損はしない。癒着は防ぐ必要があるけど、それが実現できれば、**社会課題が産業になる。**雇用も生まれる。

おば　しくみや視点を変えるだけで、かぎられた予算の中で解決できる社会課題があるわけだ。

安部　うん。たとえばホームレス状態の人が困っていて、家を用意しても受益者である彼らからお金はもらえないじゃない。憲法で規定されている生存権を守るためにも、やり方を変えないと継続しづらいんだよね。

熱意ドリブンだと一部の人にしか続けられない。でも対価が発生して仕事になれば、担い手が増えたり、クオリティが上がるかもしれない。ホームレス状態にある人が社会復帰できることで社会全体にメリットがあるなら、経済的なインセンティブを乗せたほうがいいよね。そこに発生する対価は税金で払いましょうっていう考え方ね。

おば　「社会をよりよいほうへ」って思っていても、きれいなスローガンだけじゃ人は動けないもんね。目に見える効果や報酬を求めちゃう。

安部　政策にマーケットデザインが入ることで、多様な解決策が生まれやすくなって、解決の資源の総量が増える。その呼び水やインセンティブとして税金が使われるべきだと思うんだよね。介護にしたって医療にしたって子育てにしたって、あらゆる課題解決に、おれらが国に支払っている税金がめちゃくちゃ使われていくわけだから。何にどんなふうに使われていくかってことに関心が集まるべきなんだけど……。

おば　まったく興味なかったです！

安部　でしょう？　社会保障費って税金の中でも使われる割合が増えてて、毎年しれっと負担が増やされているのに、みんな意識はしないよね。

おば　給料から天引きされる税金って高いなあって思うけど、どうしてなのか、何に使われてるかまでは考えてなかった。けど、政府や自治体が税金をどう使うかによって、社会は大きく変わってくるんだもんね。

ゴールではなくプロセスにある、理想の社会

解決できると「思えれば」いい

おば　改めて聞きたいんだけど、あんたはけっきょくどんな理想像を描いているの？

安部　社会に生きる一人ひとりが、**「自分たちで社会は変えられる」**と思えている状態が理想だな。主体的に社会課題に向き合えるってことだし。実際のところ社会で生きていたら、一つ課題が解決されたとしても、何かしら次の課題が生まれてくる。

おば　人生も同じねえ。悩みが尽きないわよ。

安部　社会への安心感と信頼が、個人の人生の希望にもつながってるんだよね。だから、生まれてきた課題に対して、周囲の人たちと一緒に社会の中で「課題が解決できる」って、安心して身を委《ゆだ》ねられる。身を委ねるって言っても人任せにするのではなく、自分やほかの誰かの課題解決にも「向き合える状態」が理想だね。

おば　自分たちで解決できると「思える」状態かあ。

社会は自分たちで変えられると
「思えている」状態が理想！

安部　「思える」ってことが大事で。おれが立ち上げたリディラバは、何十・何百もの個別の社会課題解決にも向き合っている。でも究極、それが目的じゃなくて。具体的な事例を通して、社会課題を解決していけるっていう実感を人々に持ってもらいたい。**問題が起きたときに、絶望するんじゃなくて、自分たちで解決していける、なんとかなると思える社会にしたい。**社会課題を解決していくことは、理想の社会にしていく手段なんだよね。

おば　そのためにあんたは社会にいろんな仕掛けを用意して、しくみをつくっているわけだ。地域のソフトボールチームの監督をしたり、事業を起こしたり、政府や自治体、金融機関と協働したり。想像しただけで目が回るけど。

安部　リディラバを任意団体として立ち上げた２００９年から15年、そこだけを見て突っ走ってきたね。社会課題が完全に解決するってことはないから、今も変わらず突っ走っているんだけど。

おば　突っ走りすぎだよ。たまにはこうして猫ちゃんに癒《い》やされに来てよね。

安部　俺ももちろん一人でやってるわけじゃないよ。志をともにするリディラバの仲間たちがいて、いちばん厳しい現場を支えるＮＰＯの仲間とか、同じ方向を向いている企業や官庁・学校の人たちがいてくれる。だからやってけるんだよね。

おば　そうか、たくさん仲間がいるんだね。

安部　おばちゃんもそうだよ。こうやって何かのきっかけで関心を持ってくれる人たちがいるから、社会は変わっていくんだよ。

おば　そうやって、**「主体的に課題解決をしていこうとする市民がいる」社会**っていうのがあんたの理想像なんだね。

安部　おれの理想は、社会課題を解決するっていうゴールじゃなくて、**社会課題を解決していくプロセス**にあるんだよね。

おば　あんだけグレてたガキんちょだったのに、あんた見直したわよ。

おまけコラム

「想像力」のきっかけをつくる

テレビに出る理由

おば　今さらだけど、あんたがリディラバでやってること、もっと詳しく聞きたいんだけど。

安部　そもそもおれがリディラバっていう会社をつくったのって、社会の「無関心」を打破したいって思ったからなんだよね。

おば　へえ。私たちの「無関心」のカべはなかなか分厚そうよ？

安部　そうなんだよ。でも、社会の中でより多くの人が関心を持てば、個人の困りごとが「社会課題」と認知されて、解決に必要な人やお金、資源が投入されるようになるんだよね。

おば　私みたいに、当事者じゃない人たちの「関心」をいかに集めるかが肝だね。

安部　そう。じゃあ、人々の「関心」をどう定義していくか。一つは何かに「使う時間」だと思うのね。単純に人って関心のあるものに時間を費やしているでしょう？　さらに関心を持つと、時間だけじゃなくお金を投じたり、行動を起こしたりして。

おば　うちの息子は、小さいころからゲームに夢中で寝る間を惜しんで相当な時間を費やしてるよ。課金して、ファンミーティングとかオフ会にも参加して、ついにはゲーム会社に就職したいとか言い出してるんだけど、それってめっちゃ関心があるってことだよね。もはや関心の域を超えて、熱狂してる……。社会課題とは次元が違いすぎるんだけどさ。

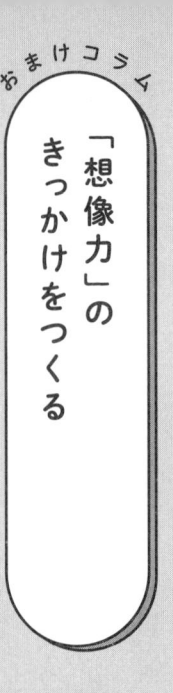

安部　まさに、それと同じ。

おば　でも社会課題に「熱狂」となると、あんたくらいしか、しないんじゃない？

安部　まあね。どうやったら人々が社会課題に関心を持つようになるのか？　やっぱり最初のきっかけは、自分の周りに、当事者や課題解決に関わる人がいるってことだよね。家族が発達障害であるとか、子ども食堂をしている友人がいるとか。おれは当事者だったわけだけど。当事者じゃなくても、社会課題に関わっている人の話を聞いたり、活動の様子を見たりして、解決していったほうがいいよねと関心を寄せる。メディアは一つのきっかけになるね。

おば　ねえ、あんたが会社のロゴ入りTシャツを着て、毎週朝の情報番組に出てる理由って……。

安部　「メディアが社会課題を扱う枠」を取りに行っているとも言えるね。芸能人ではなくおれが論者として席に座ることで、テレビで扱うネタが変わる可能性があるじゃん？　自分からもこの話題を取り上げましょうと提案もできるし。１２００万人が観ている朝の情報番組で社会課題を扱ってもらえれば、人々の「関心」っていう貴重な資源を、社会課題解決の問いに流し込める。

おば　有名になりたいとかじゃないんだね（笑）。

安部　そうだね。有名になったとしても、それは「無関心の打破」の「手段」だね。

メディア、ツアー、コンサル、ファンド……解決のための「手段」は問わない

安部　社会課題を早期で解決していくしくみをつくっていくために、おれらリディラバはあらゆる活動に取り組んでいるんだよね。

おば　具体的にどんなことをしているの？

安部　社会課題を発見するという点で運営しているのが、独立した自社のWEBメディア「リディラバジャーナル」。当事者や専門家を取材して社会課題を深くリサーチしたり、論者を招いて議論をしたり。

おば　問題だけじゃなくて、その裏の構造まで知ると、きっと私みたいに巻き込まれてくよね。

安部　それから、「社会課題に興味がない人」を巻き込めている代表的な事業が「スタディツアー」。

おば　ツアー？　どっか行くの？

安部　学校向けに、修学旅行とか校外学習の時間を使って、社会課題の解決に取り組む現場を訪ねて、当事者や解決のトップランナーに話を聞いて、自分にできるアクションを本気で考えてもらうツアーをパッケージ化してやっているのね。

おば　へえ。修学旅行で、社会課題の現場に行くってこと？

安部　うん。提携しているツアー先は全国で100以上あって、食品ロスとか薬物依存、刑務所を出た人の社会復帰とか、興味があるテーマを生徒に選んでもらって、自分である程度調べたうえで現場に行って話を聞いて体感してもらう。**社会課題への関心を持って、深めて、自分でも解決できるという「効力感」を高める。**主体的に考えるところまで持っていくことを目指しているんだよね。

おば　感受性豊かな10代にとって、修学旅行でお寺に行くよりいい刺激になるんじゃない？

安部　今後の進路とか投票行動とかが変わっていくといいよね。スタディツアーには年間1万人が参加しているよ。

おば　興味のない生徒たちを強制的に連れていけるもんね。いいしくみを思いついたわねえ。

安部　教育事業と同時に、大人向けに企業研修もやってて。やっぱり、大企業の社員とか社会の中心にいる大人たちが、厳しい状況にある人の実態を知らずに「想像」ができないと、当事者が制度からこぼれ落ちて〝ないもの〟とされちゃう。組織や社会の中に無理が生じてしまうと思うのね。

おば　想像力を働かせるにも、何かしらのきっかけや出会いは必要よね。

安部　そう。だから企業のリーダー向けにも、関心を持ち、理解を深め、課題解決に取り組むまでを体系化した研修をやってる。「社会課題に特化したビジネスをつくっちゃいましょう」って提案をすることもある。

おば　ビジネスをつくる提案？　それは研修の枠を超えて、もはやコンサル？

安部　まさに。特定の課題解決に取り組むＮＰＯに伴走したり、大企業の一部署としてＳＤＧｓの文脈で新規事業を立ち上げたり、省庁・自治体の調査研究や広報、政策立案をしたり。事業にかぎらず、資金繰りもメンバーの関わり方も組織体制も、いろんなパターンを持っているんだよね。

おば　手広いな〜。

安部　社会課題解決のアプローチにはいろんなやり方があると思っているからね。おれらリディラバ自身もハイブリッドで、ボランティア団体から始めて、事業として収益化しているものもあれば、寄付や助成金で取り組んでいるものもあるんだよね。

おば　学生のボランティア団体だったんだよね？　どうしてリディラバを事業化したの？

安部　当時はめちゃくちゃ葛藤《かっとう》があったんだよ。千人近い人たちの無償のボランティアで活動が成り立っているのに、事業化する必要があるのかなって。

人件費を払おうと思ったらそれだけで億単位のお金がかかるじゃん。

でも、関わる人数は増えていっても、生活を支える収入がないかぎり、一人当たりが継続して関わって蓄積されていく知見はやっぱり小さいままだった。長期的に社会課題解決を推進できる人を育てていくためには、事業化するのが一番の選択肢だと思ったわけ。

おば　社会課題に「関わりたい」人たちの選択肢を、一つ増やしたとも言えるわけね。

「経済合理性」のしくみに社会課題を組み込む

安部　社会課題の解決って、現状の資本主義の経済合理性の枠組みではなかなか解決が難しいんだよね。でもおれは、**資本主義のしくみに組み込む**ことで解決できる課題もあると思っていて。民間のプレイヤーが社会課題解決事業に挑戦していける「金融のエコシステム」をつくる必要があるとおれらは考えているんだよね。**インパクト投資**って聞いたことある?

おば　あるような、ないような。

安部　ビジネスとして成長するかってことと同時に、社会課題解決にいい「インパクト」を与えるかってことも投資をする際の評価軸になる投資のこと。

おば　お金を稼ぐことと社会にいいこと、どちらも追求できたらすばらしいね。

安部　そう。だからリディラバは、かんぽ生命保険とコモンズ投信とタッグを組ませてもらって、投資額100億円の上場企業向けのファンドの運営に関わってるんだよね。

上場企業が事業を通して社会課題を解決していくこ

とに伴走してちゃんと評価することで、株価が上乗せされるようなしくみや事例をつくっている。その結果、投資先にかぎらず、民間企業が社会課題に取り組む流れができているんだよね。

おば　間接的に、社会を変えてるってことじゃん。国や自治体の政策立案への伴走から上場企業のファンドづくりまで……。あんたが分刻みのスケジュールで超多忙な理由がわかった。そりゃあ猫の癒やしも必要だわ。

安部　まだまだ道半ばではあるんだけど。社会課題を俯瞰して構造で見て、なるべく包括的に取り巻くネットワークをしっかり理解したうえで、マッチングするしくみをつくる。それが、リディラバがやっていきたいことなんだよね。つまり、国や自治体、大企業にスタートアップ企業、投資ファンド、支援団体やＮＰＯ、あらゆる分野の人たちと協働して、社会課題解決のエコシステムをつくる。

みんなの想いやがんばり、やさしさがすれ違いにならずに社会に反映できるようにしたいんだ。

おば　壮大だな〜。私の小さな頭では想像できることに限界があるけど、あんたと同じ時代を生きていることで、なんだかちょっとだけ社会に対する希望がわいてきた。

おわりに：みんながんばってるのに、なんで世の中「問題だらけ」なの？

本書タイトルの質問に一言で答えるならば、それは今日の**社会課題の大部分が、「複雑なネットワーク構造」から生じているから**だ。

現代の社会課題の現場に、「悪人」はいない。その代わりたとえば、誰かがよかれと思ってとった行動が、別の領域に悪影響をおよぼす。必死だからこそ、お互いを傷つけあってしまう。傷ついている人がいることにすら気づかないこともある。

しかし見方を変えると、一見興味のないテーマでも、身近な違和感とつながっているということでもある。少しの知識や関心を備えれば、友人や家族、あるいは遠くの誰かを救えるかもしれない。そういった**「やさしい関心のネットワーク」**こそが、現代の複雑化した社会課題への対抗策だと私は信じている。

本書では悲観的な現状もお伝えした。しかし同時に、解決の方向性も紹介できたと思う。だからこそ未来に対してはみなさんと「意思ある楽観」を共有していきたい。

最後に、謝辞を。

あふれる好奇心をエンジンに、ライターの立場を超えて修正の続く原稿に関わってくれる徳さんがいなければ、この本は日の目を見られなかっただろう。「タブーばかりの社会課題」に、躊躇せず踏み込んで学ぶ「おば」は、彼女なしには存在していない。

12年前の2012年、知人に東京都の平河町のビルの一室へ連れて行かれた。そこにはとある出版社の名物社長が待ち構えていて、同世代の2人の編集者を紹介された。「こちらが井上くん、そしてこちらが徳さん。安部くんと同じ25歳。あんたたち、せっかくだから25歳のうちに本出しなさいよ」

そう発破をかけられたが機能せず、気づいたら12年が経っていた。

干支が一回りして、同い年の盟友チームにリディラバの元インターン生の的場さんが加わった。そんな大事なメンバーで本づくりができたということ。そして、この本を最後の一行まで読んでくれた読者がいてくれることに、心の底から感謝したい。

2024年12月　安部敏樹

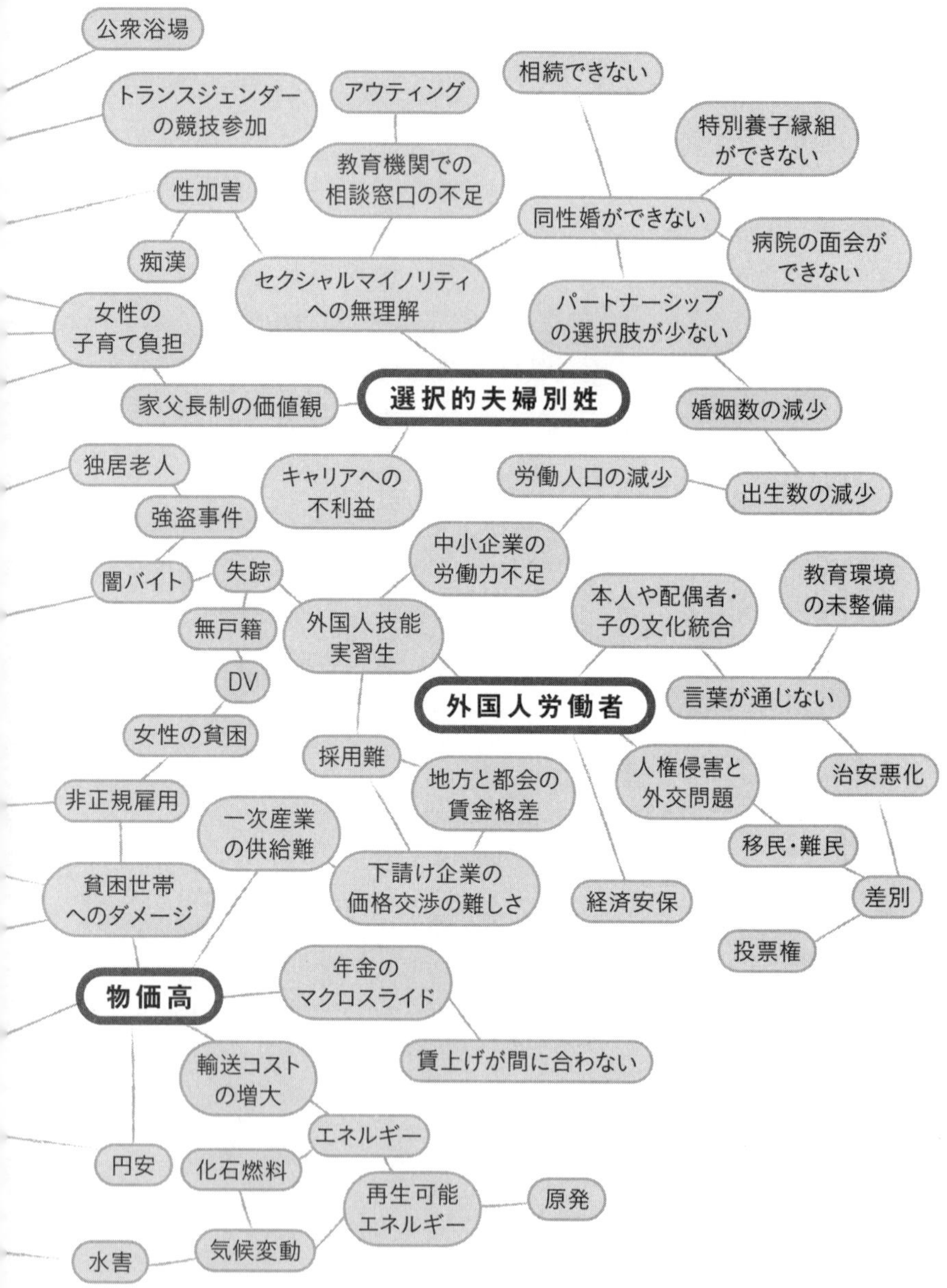
公衆浴場
トランスジェンダーの競技参加
アウティング
相続できない
特別養子縁組ができない
教育機関での相談窓口の不足
性加害
痴漢
同性婚ができない
病院の面会ができない
セクシャルマイノリティへの無理解
女性の子育て負担
パートナーシップの選択肢が少ない
家父長制の価値観
選択的夫婦別姓
婚姻数の減少
独居老人
キャリアへの不利益
労働人口の減少
出生数の減少
強盗事件
中小企業の労働力不足
闇バイト
失踪
本人や配偶者・子の文化統合
教育環境の未整備
無戸籍
外国人技能実習生
DV
外国人労働者
言葉が通じない
女性の貧困
採用難
地方と都会の賃金格差
人権侵害と外交問題
治安悪化
非正規雇用
一次産業の供給難
移民・難民
貧困世帯へのダメージ
下請け企業の価格交渉の難しさ
経済安保
差別
投票権
物価高
年金のマクロスライド
賃上げが間に合わない
輸送コストの増大
エネルギー
円安
化石燃料
再生可能エネルギー
原発
水害
気候変動

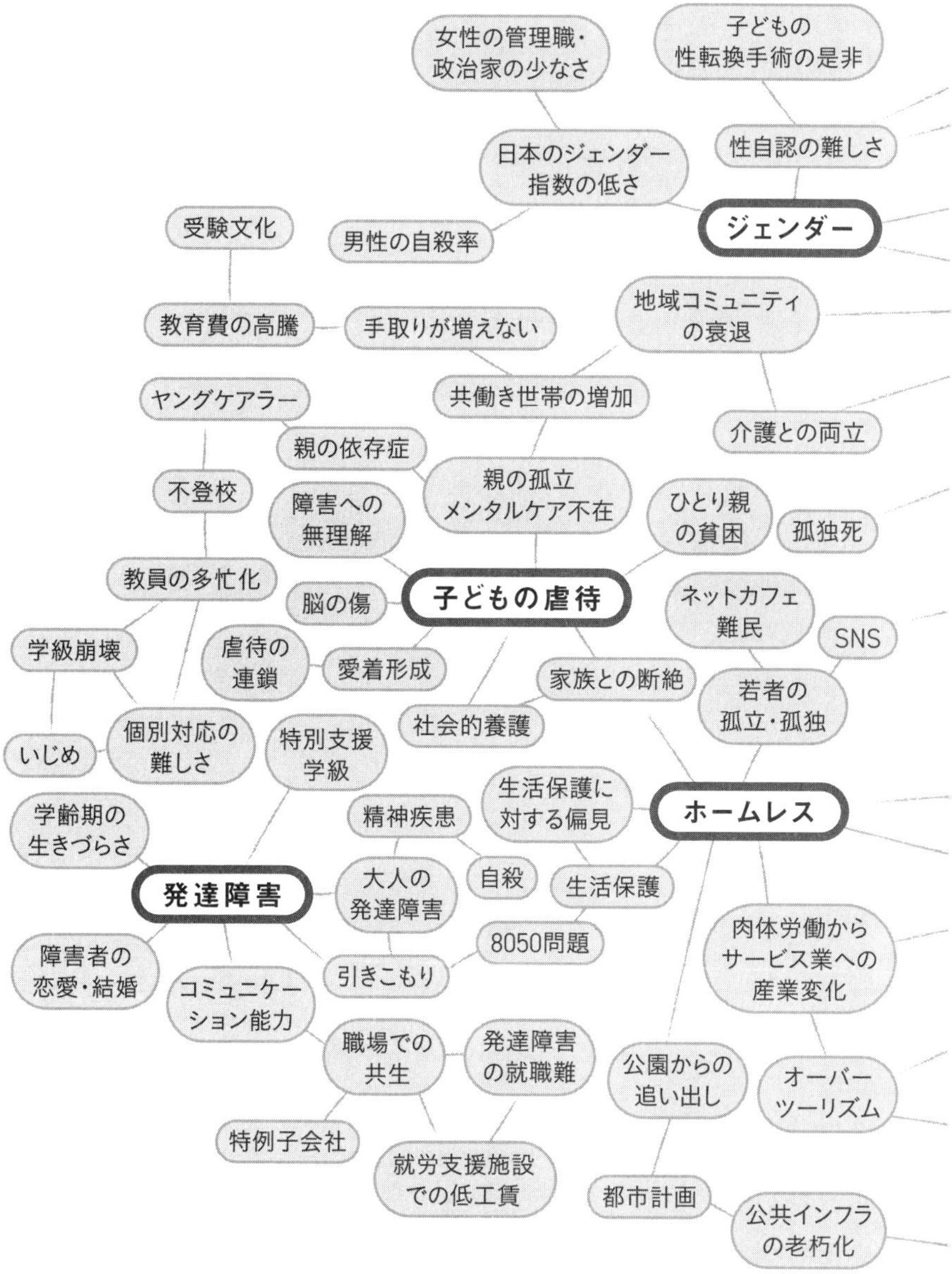
子どもの
性転換手術の是非
女性の管理職・
政治家の少なさ
性自認の難しさ
日本のジェンダー
指数の低さ
ジェンダー
受験文化
男性の自殺率
地域コミュニティ
の衰退
教育費の高騰
手取りが増えない
共働き世帯の増加
ヤングケアラー
介護との両立
親の依存症
親の孤立
メンタルケア不在
不登校
障害への
無理解
ひとり親
の貧困
孤独死
教員の多忙化
子どもの虐待
脳の傷
ネットカフェ
難民
SNS
学級崩壊
虐待の
連鎖
愛着形成
家族との断絶
若者の
孤立・孤独
社会的養護
個別対応の
難しさ
いじめ
特別支援
学級
生活保護に
対する偏見
ホームレス
学齢期の
生きづらさ
精神疾患
自殺
大人の
発達障害
生活保護
発達障害
8050問題
肉体労働から
サービス業への
産業変化
障害者の
恋愛・結婚
引きこもり
コミュニケー
ション能力
職場での
共生
発達障害
の就職難
公園からの
追い出し
オーバー
ツーリズム
特例子会社
就労支援施設
での低工賃
都市計画
公共インフラ
の老朽化

著者紹介

安部 敏樹（あべ としき）

株式会社 Ridilover 代表取締役
一般社団法人リディラバ 代表理事

1987 年生まれ。2009 年、東京大学在学中に、社会問題をツアーにして発信・共有するプラットフォーム「リディラバ」を立ち上げる。
2012 – 2015 年度、東京大学教養学部にて、1・2 年生向けに社会起業の授業を受け持つ。
2017 年、米誌『Forbes（フォーブス）』が選ぶアジアを代表する U-30 に選出。
2024 年、世界経済フォーラム「ヤング・グローバル・リーダーズ」に社会起業家として選出。
テレビ朝日『羽鳥慎一モーニングショー』、読売テレビ『ウェークアップ』、ABEMA『ABEMA Prime』コメンテーター。

取材・構成	徳瑠里香
装幀	小口翔平＋後藤司（tobufune）
本文デザイン	阿部早紀子
イラストレーション	iziz
DTP・図版	朝日メディアインターナショナル
校正	鷗来堂
営業	岡元小夜・鈴木ちほ
進行管理	小森谷聖子・高橋礼子
編集	的場優季・井上慎平

みんながんばってるのに
なんで世の中「問題だらけ」なの？
知識ゼロからの社会課題入門

2024年12月24日　第1刷発行

著　者　　安部敏樹
発行者　　金泉俊輔
発行所　　ニューズピックス（運営会社：株式会社ユーザベース）
〒100-0005 東京都千代田区丸の内2-5-2 三菱ビル
電話　03-4356-8988
FAX　03-6362-0600
※電話でのご注文はお受けしておりません。
FAXあるいは下記のサイトよりお願いいたします。
https://publishing.newspicks.com/

印刷・製本　シナノ書籍印刷株式会社

ISBN 978-4-910063-30-0
本書に関するお問い合わせは下記までお願いいたします。
np.publishing@newspicks.com

「障害」の表記について：音声読み上げを利用される方のアクセシビリティを考慮し、本書では「障がい」「障碍」ではなく「障害」と記載しています。

希望を灯そう。

NEWS PICKS
PUBLISHING

「失われた30年」に、
失われたのは希望でした。

今の暮らしは、悪くない。
ただもう、未来に期待はできない。
そんなうっすらとした無力感が、私たちを覆っています。

なぜか。
前の時代に生まれたシステムや価値観を、今も捨てられずに握りしめているからです。

こんな時代に立ち上がる出版社として、私たちがすべきこと。
それは「既存のシステムの中で勝ち抜くノウハウ」を発信することではありません。
錆《さ》びついたシステムは手放して、新たなシステムを試行する。
限られた椅子を奪い合うのではなく、新たな椅子を作り出す。
そんな姿勢で現実に立ち向かう人たちの言葉を私たちは「希望」と呼び、
その発信源となることをここに宣言します。

もっともらしい分析も、他人事のような評論も、もう聞き飽きました。
この困難な時代に、したたかに希望を実現していくことこそ、最高の娯楽《エンタメ》です。
私たちはそう考える著者や読者のハブとなり、時代にうねりを生み出していきます。

希望の灯を掲げましょう。
1冊の本がその種火となったなら、これほど嬉しいことはありません。

令和元年
NewsPicksパブリッシング 創刊編集長
井上 慎平